**"赖荣明名师工作室"成员**

前排左起：胡坤开　林金利　陈晓芳　谢慧云　赖荣明　张达红　施笑妹　张珊珊
　　　　　林　睿　曹荣英　严淑珍　罗晓英
后排左起：吴添养　蒋莉瑜　冯　臻　李婷婷　郭梅玲　杨毅娜　邹慧珍　陈小惠
　　　　　陈丽芬　华秀秀　曾惠兰　吴崇榕　吕迎春　傅瑞香　吴少芳　刘　妹

# 怀揣着教育的梦想前行

赖荣明 等◎著

海峡出版发行集团 | 福建教育出版社

### 图书在版编目（CIP）数据

怀揣着教育的梦想前行/赖荣明等著. —福州：
福建教育出版社，2019.11
ISBN 978-7-5334-8577-1

Ⅰ.①怀… Ⅱ.①赖… Ⅲ.①课堂教学－教学研究－
小学－文集 Ⅳ.①G622.421-53

中国版本图书馆 CIP 数据核字（2019）第 220166 号

Huaichuai Zhe Jiaoyu De Mengxiang Qianxing

**怀揣着教育的梦想前行**

赖荣明 等◎著

| | |
|---|---|
| 出版发行 | 福建教育出版社 |
| | （福州市梦山路 27 号 邮编：350025 网址：www.fep.com.cn |
| | 编辑部电话：0591-83752790 |
| | 发行部电话：0591-83721876 87115073 010-62027445） |
| 出 版 人 | 江金辉 |
| 印 刷 | 福州泰岳印刷广告有限公司 |
| | （福州市鼓楼区白龙路 5 号 邮编：350003） |
| 开 本 | 710 毫米×1000 毫米 1/16 |
| 印 张 | 14.25 |
| 字 数 | 226 千字 |
| 插 页 | 2 |
| 版 次 | 2019 年 11 月第 1 版 2019 年 11 月第 1 次印刷 |
| 书 号 | ISBN 978-7-5334-8577-1 |
| 定 价 | 40.00 元 |

如发现本书印装质量问题，请向本社出版科（电话：0591-83726019）调换。

代序

# 聆听花开的声音

  生活中，不能没有花……花给人愉悦，给人美感，为生活增色。

  无论是唐诗宋词，无论是哪一代的文人墨客，只要是有文字的地方，都可以看到花的存在。"时有花落至"，倾诉了刘昚虚"物我两忘"的隐逸之心；"此花此叶长相映，翠减红衰愁杀人"的荷花，暗示了李商隐心中难言的隐痛；"红叶晚萧萧"的驿站边，许浑恋着故乡过去的渔樵生活；"寒梅著花未"的窗边，王维期待着来自家乡的音讯……

  我是个爱花的人。小时候，屋后矮矮的藩篱绕着小园，每当春暖花开时，繁花似锦。妈妈告诉我，花开时是有声音的，只有用心去倾听，才能感觉到那绽放的声音。于是，等待花儿绽放，倾听花开的声音成了我儿时的乐趣。成家后，有了自己的小屋，我特意请美术老师在窄窄的天井里，精心设计了一个小花坛。一到放寒假，我想做的第一件事就是选花、买花，一盆盆喜滋滋地搬回家，装扮这个小花坛。水仙、菊花、西洋杜鹃、兰花……每种花儿都有它的姿态和韵味。我喜欢水仙的淡雅，欣赏杜鹃的热烈，佩服菊花熬霜斗雪的坚强品格。我不求花的名贵，要的是那份灿烂、那份蓬勃生机。整整一个正月，它们都在小花坛上烂漫地开着，清清丽丽、红红火火，给家里带来明媚的春光，我的心情也因此美丽而灿烂。

  的确，花儿绽放，赏心悦目。与花为伴，心旷神怡。也许是上天的眷恋，让我们一同成为人民教师，从事起"花"的事业，耕耘在教育的百花园里。我们不需要华丽的外表和炫目的光环，也不需要轰轰烈烈的壮举和感天动地的豪言，我们要的是那一份宁静，那一份淡定，那一份对教育的执着。我们守护着每一个孩子纯真的心灵，我们守望着教育广袤的田野，让每一棵草儿都能开花，让每一棵幼苗都能成才。作为一名育花人，一年又一年，冬去春来，一朵朵花儿在我们的枝头绽放，一篇篇童话在我们的指尖插上了幻想的翅膀。当春天与希望同在，满世界地开出一片灿烂之时，我们是何等的美丽与幸福！

是啊，从事花的事业是幸福的，但能成为育花人的领衔人又是何等的幸运。在去年春暖花开的日子里，我的福建省小学语文名师工作室成立了，我拥有一群来自八闽大地的教育追寻者。怀着共同的教育理想和信念，我们走在一起，一路追求，一路思想，一路歌咏。一年来，支教路上有我们闪光的足迹，校本研究有我们播种的希望，演讲赛上展示我们的风采，教学比武传递着胜利的捷报，课改征途是一次次"山重水复疑无路，柳暗花明又一村"的惊喜……我们一同成长着，思考着，收获着。和他们在一起，我感受到了暖暖的春意。他们如同含苞欲放的花蕾，虽然稚嫩，但蕴含着丰姿和生机。编着这本册子，品读着带着温度的文字，见证着我们一起走过的美好岁月，我似乎听到了喃喃花语，闻到了淡淡花香。我相信，在不久的将来，这些花蕾必将盛开在教育的百花园里，散发出迷人的芬芳，装点出万紫千红的教育春天。

我真诚地期待着！

赖荣明

# 目 录

## 一、教学篇

让学生享受美丽的语言 …………………………………… 3

语文教学要以学定教，言意兼得 ………………………… 9

论核心素养下的小学语文课堂评价 ……………………… 13

也谈好课三味 ……………………………………………… 25

诗教如雨露，滋润细无声 ………………………………… 27

聚焦想象力，释放语文教学活力 ………………………… 32

丰富积累，梯度训练 ……………………………………… 37

制造"认知冲突"是一种有效的学习策略 ……………… 41

借助自媒体平台，让习作教学焕发生命的活力 ………… 44

轻叩生活，开启"童心"作文之门 ……………………… 49

浅谈生活化作文习作素材积累的有效途径 ……………… 52

导课要有生活味儿 ………………………………………… 56

巧用绘本，降低三年级学生习作难度 …………………… 61

细节描写，在点滴生活中生长 …………………………… 67

找准训练点，有效进行读写结合 ………………………… 72

核心素养导向下的生活化作文策略初探 ………………… 75

走进生活神奇的天地，求得作文能力的提高 …………… 78

贴近生活，窥视童真 ……………………………………… 81

有效引读，读出精彩 ……………………………………… 85

游戏，习作的快乐精灵 …………………………………… 90

小学生活化作文教学的几点体会 …………………………… 94
借助"采蜜本",指导学生进行快乐阅读 ………………… 97
怎样进行有效的阅读指导 …………………………………… 102
小学语文朗读指导的有效策略 ……………………………… 105
细读慢品悟春美
　　——《咏柳》教学设计 ……………………………… 108
一个表情,一种心情,一个故事
　　——三年级习作指导课教学设计 …………………… 114
《丑小鸭》教学设计 ………………………………………… 118
读秋声,品秋韵,抒秋意
　　——《听听,秋的声音》教学设计 ………………… 123
引领发现,迁移表达
　　——《花钟》第一课时教学设计 …………………… 130
写好提示语
　　——人物语言描写课教学设计 ……………………… 136
《神秘的食物》教学设计 …………………………………… 140
学写对话的提示语
　　——以绘本《彩虹色的花》教学为例 ……………… 144
《观察苹果》习作指导教学课例 …………………………… 149
串联生活,大胆想象,快乐表达
　　——以《这样想象真有趣》习作指导课为例 ……… 154
关注"学情",点燃"热情"
　　——以《家乡的名片》为例谈习作指导 …………… 158
基于交际语境写作理念的习作教学例谈
　　——以林睿老师《为汉字代言》习作教学课为例 … 161
体验式作文教学之我见

——以《抢橡皮》习作指导课为例 …………… 166
让学生在辩论中提高口语交际能力
　　——以《小学生要不要多看电视》口语交际课为例 ……… 170
一样的离别，不一样的离情
　　——对古诗对比教学的评析 …………………… 173
为学生营造童话习作的灿烂星空
　　——听《我来编童话》习作教学的省思 ……………… 179

## 二、感悟篇

做一名幸福成长的教师 ………………………………… 187
我们离名师有多远 ……………………………………… 192
梦想在课改中成真 ……………………………………… 197
做一个"有质量的老师"，必须读书、读人、读课 ………… 201
"互联网＋"时代教师角色的定位 ……………………… 204
有一种幸福叫阅读 ……………………………………… 209
一叶一菩提，一花一世界 ……………………………… 212
"读"行天下，有境界则自成高格 ……………………… 214
教育需要"翻转"，需要"柔软"
　　——台湾教育掠影 ……………………………… 217

**后记**　守候中的幸福 ………………………………… 220

# 一、教学篇

# 让学生享受美丽的语言

福建长汀师范附小　赖荣明

语言是美丽的，它有着历史的悠远，原野的芳香。著名特级教师于漪在《站在文化的平台上》一文中指出："汉语言文学记载着中华数千年的古老文化，它不是无生命的僵硬的符号，而是蕴含着中华民族独特性格的精灵。汉语是象形表意的文字，常诉诸视觉形象，能给人以丰富的感性认识。"因而，作为母语学习的主阵地，语文课堂教学应给学生美的熏陶，情的浸染，意的激发，让学生享受美丽的语言。

## 一、在比较品味中享受美丽的语言

新课标指出："阅读是学生的个性化行为，不应以教师的分析来代替学生的阅读实践。应让学生在主动积极的思维和情感活动中，加深理解和体验，有所感悟和思考，受到情感熏陶，获得思想启迪，享受审美乐趣。"我们知道，文本世界是一个情感的美丽世界，高山流水的奇秀美，波涛汹涌的壮观美，感人肺腑的凄美⋯⋯一缕光、一道水、一个故事、一段情节，无不蕴含着大自然的奇思妙想，无不寄托着人们的万缕情丝。在指导学生进行文本阅读时，我们要抓住文中的关键词句进行比较、品读，让孩子们在品评中沐浴祖国灿烂文化的阳光，感受汉语言文字的无穷魅力。请看教学案例：

"它要是高兴，能比谁都温柔可亲，用身子蹭你的腿，把脖儿伸出来让你给它抓痒，或是在你写作的时候，跳上桌来，在稿纸上踩印几朵小梅花。"

——老舍《猫》

一位老师教学时，注意了句中的"蹭"字，她让学生好好推敲"蹭"的意思。一个学生说："蹭就是摩擦的意思。"另一个学生说："蹭是轻轻地摩擦。"老师说："那可以改成用身子摩擦你的腿。老舍先生为什么不用摩擦而用蹭呢？请大家再读读课文，联系自己的生活体验，体会其中的不同。"学生反复读课文后体会出如果用摩擦，句子中的猫就没有那种可爱的感觉了。这时，老师又让学生自由读课文，再联系上下文，看看这个"蹭"字还能找到什么新的感觉。第三个学生站起来说："蹭是很温柔很小心地摩擦。因为文中说，猫高兴的时候，能比谁都温柔可亲。猫蹭主人的腿，那是在向主人表示亲热呢！"第四个学生说："猫蹭还有一种撒娇的味道。猫跟老舍爷爷撒个娇，要求抓抓痒，说明猫和老舍爷爷的关系特别亲密。"老师非常高兴地说："你们体会得真好。再读读课文，看看猫这样轻轻地、温柔地、撒娇似地蹭着老舍爷爷的腿，蹭出了什么？"这下，学生发言可热烈了，有的说蹭出了猫的可爱；有的说蹭出了猫的顽皮、天真；有的说蹭出了猫的乖巧；有的说蹭出了猫对主人的深情厚谊，因为在猫的眼中老舍就是它的父亲，在老舍的眼里，猫就是他的孩子。

你看，一个"蹭"字，为我们展现了一幅"猫爱人，人爱猫"的动人画面。学生在推敲、品读字词中品味出文中蕴含的情感，经历着"由文字以通乎语言，由语言以通乎古圣贤之心志""切己体察，形成自己之见解"的过程。在这一情感体验的过程中，学生的个性得到飞扬，精神得到舒展和勃发，他们在情感体验中享受着语言蕴含的内在美。

又如有一位老师在教《三亚落日》时问学生："夕阳抖落了什么？"学生回答说："抖落了赤、朱、丹、彤。"老师又问："明明是落日'放射'的光辉，为什么说'抖落'呢？"学生说："因为夕阳很快乐，很顽皮，像一个孩童在不停地玩耍，所以说'抖落'。"老师赞许地说："很有想象力。联系课文想一想：这是在哪儿看落日？"学生高兴地说："我知道了。这是海上落日，太阳的光芒照耀着海面，波光粼粼，仿佛太阳不停地抖落赤、朱、丹、彤。"这时，老师播放一段录像让学生进一步感受"抖落"的韵味。

在这一教学片段里，学生在老师的启发下，联系具体语境，领会到"抖落"的景象，也领略到这个词语的韵味。最后又在录像中，学生感受到：大海起伏着，涌动着，浮光跃金，太阳真是在"抖落"啊！

可见，联系文本背景品味词语运用的准确传神，领悟语言的意蕴，既是语感训练，更是审美的渗透。从中我们体会到炼字炼句"看似寻常最奇崛，成如容易却艰辛"的乐趣，也享受到语言深处的美。

## 二、在指导美读中享受美丽的语言

所谓"美读",就像叶圣陶先生提出的那样:"美读,就是把作者的感情在读的时候传出来。这无非如孟子所说'以意逆志',设身处地,激昂处还他个激昂,委婉处还他个委婉,诸如此类。""美读"可以把学生带入意境,产生情感上的共鸣。苏教版一年级教材中编排了许多词串韵文,一篇韵文就是一幅美丽的画,就是一首优美的诗,充满着浓浓的儿童情趣和诗情画意。教学时,可根据韵文的特点,创设生活情境,在真实的情境中,引导学生边想象边美读,读出文中的韵味,读出自己心中的感受。如一位老师在第一册《识字3》的词串朗读训练中是这样引导学生美读的:"你见过的绿树是怎样的?""大大的绿树怎么读?""小小的、可爱的小树怎么读?""读读绿树。""呵,你读的是小树。""你读的是大树。""你见过什么花?""你想对这些可爱的花说些什么?读读这些花。闭上眼睛想一想红花,闻一闻花香,跟我读'红花'。来到小河边,伸出小手和它握握手,是什么感觉?跟我读'流水'。流水和我捉迷藏,怎么读'流水'……"老师美美的范读令孩子们陶醉,他们如同来到了公园里,来到了小河边,听到了哗哗的流水声,闻到了淡淡的花香。因而,孩子们在老师创设的情境中快乐地、入情入境地美读,读出了词串的特点,读出了词串的韵味,感受着美美的语言。

又如教学《槐乡五月》一文,为了帮助学生感悟语言,诱发学生情感的波澜,我先进行美美的范读。在声情并茂的范读后,学生好像被美丽的槐乡陶醉了。他们有的说:"我们好像来到了槐乡,看到了玉雕似的洋槐花,闻到了浓郁的花香。"有的说:"听着老师的朗读,我的口水都快流出来了。我真想吃一口香喷喷的槐花饭,尝一尝清亮清亮的槐花新蜜。"这时,我让学生把课文轻轻地,有滋有味地读一读,再闭上眼睛美美地想一想。通过美读,学生读出了槐花的美,槐花的香,孩童的欢,读出了自己对槐乡的喜爱之情。

## 三、在创设语文场景中享受美丽的语言

语文教学无论是培养学生的听说读写能力,还是涵养学生的人文品质,

都离不开具体可感的场景。只有创造适宜学生发展并与当前教学内容和谐一致的教学场景，才能最大限度地调动学生学习的积极性，激发其创造性，从而感悟语言，发展语言。通常在教学中我们可以通过模拟再现文中情境，营造语文学习的场景，把学生带入图画描绘的情境；带入生活的情境，到大自然中欣赏美；带入想象中的情境，体会文中意境。这样，学生在身临其境中学习文本，从具体、美好的情境中，感知美、鉴赏美，以此来培养审美能力。如在教学《槐乡五月》时，我带领学生走进槐乡，在媒体课件创设的动感画面中让学生直观感知五月槐乡的美，然后让学生读课文，找一找描写槐花美的句子，再品一品表现槐花美的语句，最后入情入境地读，读出槐花的美。学生在导语、媒体创设的学习场景中，在文本、意义与自身体验中穿行，从而感受到语言学习的快乐！

又如一位老师教学《掌声》一文时，让学生模拟情境，换位思考："如果你是小英的同学，你想通过这经久不息的掌声告诉小英些什么呢？"一个学生说："小英，你演讲得太棒了，我要向你学习。"另一个学生说："小英，你的普通话真标准，真好听，真是不鸣则已，一鸣惊人啊！"又一个学生说："好样的，小英，我们以你为荣！我们为你喝彩！"这时，老师满怀深情地说："小英在这掌声中，向大家深深地鞠了一躬，无数的话语在小英的心中涌动，她有太多太多的话想对同学们说。如果你是小英，你想说——"学生有的说："谢谢大家的掌声，它给了我前进的勇气和信心，我会永远记住这掌声的！"也有的说："谢谢同学们，没有大家的鼓励，也就没有这精彩的演讲。放心吧，今后我会振作起来，坚强起来！"还有的说："我想说的除了感谢还是感谢！我就给大家深深地鞠个躬吧！"老师紧接着说："是啊，无数的话语都浓缩在这深深的一个鞠躬之中。同学们的掌声里有信任、尊重，有鼓励、赞许，有敬佩、喝彩。这不是一般的掌声啊，这是同学们的一片爱心。同学们，让我们美美地读这一段，注意把你的感受表现在你的脸上，融进你的声音里。"在学生入情入境地自由练读后，老师又对学生说："同学们，让我们再一次走进小英的内心世界：如果她感动，你就陪她一道流泪；如果她高兴，那么，你就陪她一道微笑。让我们一起朗读这一段，把那充满温情的一幕永远保存在我们美好的记忆里。"这时，学生们声情并茂地朗读课文，读得非常动人，朗读中再一次表达出自己内心的情感。

在这一学习场景中，老师诱导学生走进文本，进入角色，移情体验。学生敞开了心扉，用一颗颗纯洁的童心去触摸文本语言，感受语言的温度。他们飞扬着激情，倾诉心声，用一句句质朴的童言来表达自己的真知灼见。在体验、释放、美读的过程中，他们的语言、智慧、情感得到浸润、感染和丰富。

## 四、在拓展训练中享受语言的美丽

新课标强调："语文课程应拓宽语文学习和运用的领域，注重跨学科的学习和现代科技手段的运用，使学生在不同内容和方法的相互交叉、渗透和整合中开阔视野，提高学习效率，初步获得现代社会所需要的语文实践能力。"语文教学中的"拓展"应根据教材要求、文本特点、教学目标、学生基础、教师个性，适时、适度、适量、适情地引入文本背景和相关内容，整合成"读写思"的教学策略，促进感悟，促成建构。可以说，成功的拓展是语文教学一道亮丽的风景线，它能开拓学生美的视野，使学生表达美的感受成为一种创造性活动。如在《林海》的教学中，可抓住"它的美丽与建设结为一体，美得并不空洞"这一难解句进行拓展延伸："联系你们的所见所闻，写一写：为什么大兴安岭美得并不空洞？"学生有的写道："火车将木材源源不断地运送到祖国各地，我想，我们现在住的高楼大厦，用的精美衣柜也许就是大兴安岭的木材做的。"也有的学生写道："大兴安岭的松果可以做成松节油，人参是名贵的药材，所以它美得不空洞。"还有的学生写道："大兴安岭的小红豆是天然无污染的绿色食品，这些小红豆酿成香甜可口的红豆酒，畅销国内外，为国家创收，所以美得不空洞。"审美活动是以情感为核心的，这一拓展挖掘出文中的隐蔽情感，老师以"境中之情"去拨动学生的"胸中之情"，在以写促读中，学生的情感与文本产生共融。又如学完《荷花》一文，我让学生赞一赞美丽的荷花。学生对荷花美的体验是千姿百态的。他们有的说："荷花，你就像婀娜多姿、亭亭玉立的少女令人充满遐想。"有的说："荷花，你高洁、出污泥而不染的品格令人钦佩！"有的说："接天莲叶无穷碧，映日荷花别样红。荷花，你的纯洁、你的芳香令我陶醉，我真想吟一首小诗赞美你！"有的说："荷花，你是美的使者，谢谢你把美带给了人间。我们要赞美你，歌唱你。"于是，学生根据自己的不同体验，选择自己喜欢的方式赞美荷花。爱朗读的，把课文美美地读一读；爱画画的，画一张美丽的荷花图并配上自己精彩的解说词；爱唱歌的，选择一首描写荷花的古诗，谱上曲子唱一唱；爱作诗的，写一首小诗赞一赞荷花……学生在赞美荷花的拓展性练习中，美的体验得到唤醒，爱的情感得到升华。那浓浓的喜爱之情写在孩子的脸上，那潺潺的美的溪流在孩子的心中流淌。他们大胆想象，激情创作，在想象美、创造美的过程中提高了自身的审美能力。

可见，语言的美丽是对心灵的滋养，是一种直接而亲切的艺术享受。我们语文教学的任务就是要引导学生潜心领会文本，引导学生触摸语言，品味语言，感知语言的"质地"和"芳香"，在人生的起始阶段，赋予他们的语言生命以最亮丽的底色。这样，他们就能在语言之野上徜徉，享受语言的独特魅力，从而用语言之弦弹奏出最美妙的乐曲！

## 语文教学要以学定教，言意兼得

福建长汀师范附小　赖荣明

语文，就是语言和文化，语文课的功用为"倾听""理解"和"表达"，即倾听他人的语言，理解别人的语言，学会用自己的语言表达。语文课程标准给语文的定位是"语文是最重要的交际工具，是人类文化的重要组成部分"。语文是用语言为基石和载体编织的文化。我始终认为，学语文其实就是学习一种生活方式。儿童学语文，追求的是一种幸福完整的生活，孩子们通过语文发现生活，享受文化，丰富和创造新生活。语文教学要以人为本，教给学生终身受益的学习方法，教会学生怎样获取知识，学会学习。因此，我们的语文教学应以学定教，言意兼得。以学定教是指根据学生的身心规律及其学习情况来确定教师的教育内容和教学方式。以学定教有三个基本要素：学生、教材、教师。在这三个要素中，学生是主体（学习主体），教材是客体（学习客体），教师是介体（学习介体）。以学定教是教育本质的必然要求，在教育的过程中，学生与教材成了教育（学习）的主要矛盾，教师参与其中是为了使主体和客体实现辩证的统一，不断化解主体和客体之间的矛盾，促进主体自主发展。教师作为学生学习的帮助者、促进者，其职责就是为学生的未来发展和终身学习服务，充分发挥教育的功能。教育的功能是什么？教育的功能就是通过传承知识、经验和文化，把自然人转化为社会人。现代语文教育的先驱叶圣陶先生有一句名言："教是为了用不着教。"以学定教的最终目的，就是为了"用不着教"，让学生学会学习。因此，以学定教的结果就是"以教促学"。在以学定教的教学过程中，教师发挥职能作用的主要方式是组织、引导和激励。

组织就是组织学生学习。比如在"先学后教、当堂训练"这种以学定教的教学模式中，教师组织学生在学习目标的指引下开展自学，组织开展自学检测，组织聆听内容讲解，组织开展当堂训练。这种以"组织"为主要教学手段的教学方法，非常有利于培养学生的自学能力和良好的学习习惯。

引导就是引导学生学习。比如在"语文导读"教学模式中，教师引导学生读文，引导学生进入情境，引导学生质疑，引导学生思考……学生在教师的引导下走进文本，走进作者的心灵，走进语言文字所呈现的绚丽多彩的世界……这种以"引导"为主要教学手段的教学方法，非常有利于培养学生的探索精神和求知欲望。

激励就是激励学生求知上进。由于以学定教能够最大限度地贴近学生的学习实际，合理地降低了学习难度，让学生不断得到学习进步和成功的喜悦，能够有效地调动学生的学习积极性，使学生快乐地参与学习、坚持学习。

当前福建长汀师范附小推行的是"导学读悟型"学生自主发展教学模式。这种模式关注学生学习兴趣，兴趣焕发生命的活力；关注学生的课堂生成，生成演绎课堂的精彩；关注学生学习习惯的养成，习惯影响学生的未来发展；关注学生质疑，质疑引发学生智慧的觉醒。这种模式勾勒出以学定教，主动发展的语文课堂有效学习状态。以学定教有两种呈现形式：一是先学后教，二是以教导学。先学后教的教学流程大致为：呈现目标→指导自学→自学检测→教师讲解→当堂训练。

在阅读教学中我采用的"导学读悟型"阅读模式是这样的：语文教学以读为本，读中理解，读中感悟，读中积累，读写结合，让学生自能读书，自我感悟，自主发展。其操作程序为：引导自学→初读质疑→读议探究→品读感悟→熟读成诵→读写延伸。

具体教学策略如下：

1. 按照要求，课前自学。目的在于通过先学后教，以学定教，找到教学的突破口，确定教学目标。

2. 以读为本，读中理解，读中感悟。读是思的凭借，读是悟的前提，读是说的储备，读是写的基础。把读书的权利还给学生，把读书的方法教给学生，边读边想，边读边画，边读边悟，边读边记。让学生在自读自得中经历朗读的过程，感受朗读的乐趣，品味文章的内涵。在朗朗的读书声中，读出感受，读出韵味，读出情感。

3. 抓住"语言"读出情，品出味，悟出效，习得法，激活思。

读出情，就是说语文课要以读为本，读中理解，读中感悟。特别是景美、境远、情深的课文，要反复诵读。就像古人所说的："读之而喜，拍案叫绝，起舞旋走；读之而悲，涔涔泪落，脉脉欲诉。"指导学生在该读出画面时读出画面，该读出情感时读出情感，该读出见解时读出见解，该读出方法时读出方法。

品出味，即品出富有表现力的语言，怎么个丰富，怎么个优美，怎么个生动，怎么个形象，怎么个有特点，怎么个有魅力。品读后要有感觉，有心得，在品味语言中激发对祖国语言文字的热爱。

悟出效，即体会关键词句在表情达意方面的作用。

习得法，即学习作者的表达方法，如遣词造句的方法、构段的方法、叙述、说明的方法，以及让学生掌握读书的方法，理解词句的方法。

激活思，即激活学生的思维，发展学生的思维。要使学生的思维活跃起来，让课堂充满思维的张力，课堂上既要有学生个人的静思默想，又要有同学之间的思维碰撞；既要让学生读课文，想画面，发展形象思维，培养想象力，又要发展学生的创新思维，培养创造力。要让学生在课堂上充分地读、思、议，不仅要展开师生之间的对话，而且要组织、引导好师生之间的对话。要围绕有价值的问题，抓住交流中的闪光点、稍纵即逝的思维火花，进行思维碰撞，展开真实的对话、交流，使课堂真正成为学生学习语文的舞台，成为老师培育和绽放创新思维之花的沃土。

在作文教学中，针对中年级的学习特点，我采用"阅读——积累——感悟——创新"的教学策略，遵循先读后写、读写结合、虚实结合的原则，还给学生一条充满人文性和审美性的习作之路，让学生的习作展现童心、童真、童趣、童话。具体方式如下：

1. 阅读，即阅读与本期习作训练内容相关的书籍、资料，丰富习作素材。

2. 积累，即填写"阅读积累卡"和"观察积累卡"，积淀、丰富语言素养，为习作作准备。

3. 感悟，即在观察、阅读、积累的过程中，感悟习作方法，做到读中悟写、以读促写。

4. 创新，即鼓励学生大胆想象，无拘无束地自由习作，充分表达自己的观点和独特见解，把写作主体潜在的想象力、创造力和表现力尽情地释放出来。

在高年级，我的作文教学走向综合，走向开放，走向情趣。我注意题目制订的多元性，题目展示的渐进性，题目要求的层次性。把选材的自由还给学生，把想象的自由还给学生，把表达的自由还给学生，让学生用手中的笔，凸显生活的精彩。我鼓励学生写情趣作文、实践型作文、想象型作文、应用型作文、创造型作文、调研型作文、模仿型作文、信息型作文、体验型作文、综合型作文，从而凸显学生的创新能力。

采用"导学读悟型"这种开放、自主发展的教学模式，学生享有"心灵自由"的空间，其教学目的涵盖学生知识的习得、能力的进步、感受的细腻、情感的充沛、精神的饱满富足；教学内容删繁就简，在让书本知识架构学习意义的同时，向儿童生命所在的生活开放；教学过程倡导自主学习探究，让原本充满灵动的生命自由伸展、自由呼吸，极大地发挥学生的创新潜能，从而促进他们语文素养的全面发展。

言意兼得是指语文教学要促进学生语言智能和思维品质的发展。我赞同著名特级教师薛法根的观点："语文教学应以发展学生的言语智能为核心，走向生活、走向综合、走向运用、走向智慧。"语文学习离不开语言文字的训练，离不开对字词的品味、推敲。语文教学不是符号和结论的简单演绎，而是信息和情感的传递和共振。因此，语文课堂是言语实践的"游乐场"，个性思维的"碰撞所"，课程资源的"加工厂"，社会生活的"聚焦镜"。我们的语文教学应关注学生语言能力的形成和发展，关注学生良好的语文学习习惯的养成。语文教学要通过文本的感性解读，语言文字的品味，让学生触摸语言的博大与精深，丰富与广远，让文化浸润学生的心田，并通过独特的领悟和运用，内化为学生生命成长的气质。

因而，我们在语文教学中要务本求实、返璞归真，"引"而勿"牵"，"放"而勿"纵"，在边读边品味的过程中，引导学生抓住重点词句细细品味。不单单要教学生读出文字表面的意思，更要教会学生如何去体会文字背后的东西，从看似平淡的课文里品出浓浓的语文味。要让学生在情感激发中感受语文味，在诵读揣摩中感受语文味，在品词析句中体悟语文味。将浓浓的语文味融入课堂的每一个环节，让浓浓的语文味充溢每个学生的心田，使学生的语文能力、语文素养得到提升。

# 论核心素养下的小学语文课堂评价

福建长汀师范附小　赖荣明

本文所述的课堂评价指的是核心素养下的小学语文课堂教师在教学过程中，为促进学生学习和改善教师教学而实施的对学生学习过程与结果的评价，是基于对学生在语文学习中获得的语言知识与语言能力、思维方法和思维品质，以及正确的情感、态度和价值观的审美情趣和文化感受能力的综合评价。

课堂评价从定义范围上可以分为狭义的和广义的评价，狭义的评价只指言语点评，广义上的评价除言辞外，还包括形体的语言，如教师的某个表情、动作，即一个眼神、一个手势等都属于评价。课堂评价是教学的重要组成部分，是促进学生主动学习的有效手段。呆板、单一的课堂评价，制约着学生的个性发展；而灵活、生动、丰富的课堂评价，能使学生如沐春风，让课堂充满勃勃生机。

促进学生核心素养发展的新课程理念下的语文课堂应是充满爱意的课堂，是富有诗意的课堂，是体现创意的课堂。在理想的语文课堂上，教师对学生的爱，对课程的爱，对职业的爱，都体现在课堂的一言一行之中，体现在彰显和促进学生个性发展的多元评价机制中。正如新课标所述："语文课程评价应该改变过于重视甄别和选拔的状况，突出评价的诊断和发展功能。"教师应在日常教学实践中反思、优化过程性评价的方式方法，总结出科学、有效的小学语文过程性评价方式方法，促进小学语文教育教学评价方式的改革，从而不断提升自身的专业素养；同时利用总结出的科学、有效的小学语文过程性评价方式方法，充分发挥语文过程性评价的多重功能，促进学生健康和谐发展，全面提高学生的语文素养。因此，新的课程理念下的小学语文课堂亟待重建新的课堂教学评价。

## 一、转变语文课堂教学评价指导思想

传统的课堂教学注重知识的传授，课堂评价多采取单一的教师评价学生，学生以教师的评价为准则，这极大地阻碍了教师与学生之间的交流，作为学习主体的学生总是难以发挥其主观能动性。要发挥学生的主体作用，调动其学习积极性，必须改变课堂评价方式，创造出一种师生互动、生生互动的学习状态。

新课标在"评价建议"中明确指出："语文课程评价的根本目的是为了促进学生学习，改善教师教学。按照不同学段的课程目标，抓住关键，突出重点，采用合适方式，提高评价效率。"因此语文课程评价要改变传统的重结果、轻过程的评价，突出语文学习全过程的评价。

如何优化语文课堂教学，关键是实现小学语文课堂教学评价指导思想的根本转变——从"评教"为主转移到"评学"为主。因为作为人文学科的小学语文教学必须以学生语言文字的交际运用能力的培养为本，必须以学生语文综合素质的全面发展提高为出发点和最终归宿。因此，衡量一堂语文课成功与否的标准，不在于教师讲得是否精彩，而在于学生学得是否主动。不论是评价者还是上课教师都应在课堂观察中把学生的学习状态看作共同关注的焦点。参与教师必须树立以学生发展为本的教育教学观念，构建新的评价体系。因此，制订新的语文课堂评价标准要以先进的教育教学观念、教学原则、素质教育思想为指导，立足于引导教师面向全体学生，促进学生和谐、主动地发展，让学生学会学习。而在实施新的课堂评价观中，我们必须注意下面几点：

1. 采用正确性评价。这是评价的最基本的要求。教师要高屋建瓴地把握教材，钻研文本，要教得正确、准确。备课时，教师只有大量地查阅资料，钻研教材，分析学生，才有可能做到把学生的发言引向正确或全面。如在教学《你必须把这条鱼放掉》的时候，教师问学生："读完课文，你认为为什么必须把这条鱼放掉？"学生回答："要遵守纪律，爱护不属于自己的小鱼。"教师说："对，每个人都要自觉遵守社会公德，自我要求，自我管理，这也是一个公民应有的基本素养。"这里教师的评价使学生的观点更加准确、严谨，有利于提高学生的认识水平。

2. 倡导激励性评价。法国教育家第斯多惠曾说过："教学艺术的本质不在于传授本领，而在于激励、唤醒和鼓舞。"可见，每个学生需要教师的激励。激励性的评价犹如扬帆的劲风，是学生前进的动力。在课堂上，对于敢发言的学生，特别是有独到见解甚至敢于对老师的观点提出疑问的学生，要给予充分的肯定。而对于胆子小、性格内向的学生，当发现他们举手时，要将回答的机会优先让给他们。有时候老师一个激励的目光，一次点头微笑，一次轻轻的抚摸，或拍手表示欣喜，或对他竖起大拇指等，都能给予学生极大的激励。

3. 善于把握评价时机。课堂上教师的评价既不能超前，又不能拖后。超前的评价，会让学生觉得教师的评价没有太大的价值和意义，而滞后的评价则会让学生觉得自己的回应没有被重视和尊重。因此，在课堂教学中，教师对学生的发言应注意抓住评价的时机，该及时鼓励的就毫不迟疑，不宜立即评判的就不能过早定论。教师的评价，应以激发学生的情趣和热情为终极目的。比如，在多数情况下，为了激励学生发言的积极性可以采用及时评价；但为了避免挫伤学生深入探究的积极性而助长学习上的依赖性，教师对于学生正在研讨的问题，则可以不立即给予肯定或否定的评判，而是作为普通的一员参与讨论，鼓励学生畅所欲言，让学生去发展、去分析、去论证。

4. 坚持多元化评价。新课标指出："实施评价，应注意教师的评价、学生的自我评价与学生间互相评价相结合。"多元评价方式将代替传统的单一评价方式，并在促进学生全面发展中发生着积极而有效的作用。教学中要从多个角度组织学生进行自评和互评，对待学生的学习不应只看他有没有掌握，更要看他在这个学习过程中所付出的努力，学习的态度，所用的方法，持之以恒的耐心，甚至是永不言败的勇气。比如在教学《将相和》"负荆请罪"这一片段时，我组织学生用表演的形式来理解内容。表演完后，先要求表演的同学进行自评，说一说表演时的感受，对所演人物的理解。演廉颇的同学说："廉颇在向蔺相如请罪时是真诚的内疚，我在表演时露出笑意，不符合当时人物的心态。"接着又引导学生进行互评，学生在相互评价中较全面地指出了表演中的成功和不足之处。通过自评、互评及教师指导性评价，激发学生学习的兴趣，促进了学生语文能力的提高。

5. 无声语言的评价是补充。课堂上教师对学生的评价，除了要善于用激励性的语言外，还应经常用无声鼓励，即用表示赞许、喜欢的体态语言进行评价。例如，学生积极思考时摸一摸他的头，学生有独特见解时教师传递给他一个赞赏的眼神等。在课堂上，老师以满腔的热情、饱满的精神、丰富的情感，给予学生一个微笑、一个眼神、一个拥抱，还有竖起大拇指的赞许、拍拍肩膀的激励、握握手的感激，都是评价。这种评价像一丝花香、一股清泉沁人心脾，简便、直接、有效，对学生的成长却起着重要的作用。

6. 发挥评价的导向功能。课堂评价除了评价学生的语文基本功外，还要评价学生的语言表达能力，观察、分析事物的能力和语文实践能力，更要关注语文学习的情意取向，重视情感、态度、价值观的正确引导。要以生为本，立足于学生的语言发展，处理好目标与个性、严格与尊重、规范与自由、欣赏与修正的关系。

## 二、改变教师课堂教学评价的语言

综观当前的语文课堂，许多教师在学生声情并茂的朗读后，只给声"真棒！""你读得真好！"等简单赞扬的话语，这样的评价虽然能激发学生的朗读兴趣，给朗读者带来愉悦和快乐，然而，"你真棒！"——棒在哪？"你读得真好！"——好在何处？倾听朗读的学生也不知好在哪里，也就不知道从哪个角度来评价他的同学了。因此作为教师，我们要在评价语上多练内功，使评价语发挥激励、指导的作用。如果我们进行课堂评价时能做到准确得体，机智巧妙，独特创新，就一定能在课堂教学中挥洒自如，使学生以更强的自信心投入学习。

1. 评价语言要真挚诚恳

真诚的情感是打动一切的源泉。教师的评价，无论是高明或纯朴，只要真挚诚恳，都能让学生获得一种幸福感和成就感。虽然学生年龄小，但在他们幼小的心灵上，却总是和大人一样，也期盼一种真挚诚恳的交流和表达，希望自己被对方认可。教师尤其要忌讳的是挖苦讽刺学生。就如赞可夫所说："教学法一旦触及学生的情绪和意志，触及学生的心理需要，这种教学就会变得高度有效。"

2. 评价语言要准确得体

课堂上因人而异,有针对性地作不同的评价,而这些评价又能及时给予学生提醒或纠正。特别是教师对学生的评价语言准确而又得体,是激励学生最好的方法。例如,在学生读完课文时,我就这样说:"这个句子,你读得多好啊!请你再读一遍。""你的声音真甜美,请你再来读读!""你读得比老师还要棒!"等等。这样的激励性评价,让读的学生如沐春风,对其他学生也是一种引导和激励。

3. 评价语言要机智巧妙

在课堂上,教师机智巧妙的评价语言,可以使教学信息的传递风趣而幽默,可以叩开学生丰富多彩的世界,使学生在笑声中欣然接受评价,让学生以愉悦的心情去主动、积极地学习,从而使课堂生花,为教学增色。例如,在执教《狼来了》一课时,我让学生读课文中写放羊的孩子大声喊"狼来了!狼来了!"这句时,一个女生用非常平直的声音小声读,部分学生捂着嘴偷笑。那女生红着脸坐下,我走到她身边,微笑着轻声地说:"噢,你这么小声喊,山下的人是听不到的。这样,谁跑来救你呀?请你再读一次好吗?"女孩听后不好意思地笑了,接着作惊恐状,绘声绘色地读了起来。刚读完,教室里就响起了热烈的掌声。

4. 评价语言要独特创新

教师的口语表达形式多种多样,假如能将有声语言和体态语言有机结合,并根据学生的反馈信息或突发情况,临时调整原先预设的口语流程,巧妙应付,独特创新地进行评价,课堂自然就会充满活力。比如在课堂上,翘翘大拇指、鼓鼓掌或与学生握握手,都会使课堂充满生机。记得一次在听特级教师上课时,一位学生朗读有关竹子的句子,读得不错。而此时贴在黑板上的一段竹子正巧掉了下来,于是这位老师借题发挥:"你读得多好,看,连竹子也来祝贺你了,那老师就把它送给你吧!"说着,他便把竹子递给了那位学生。那位学生激动得涨红了脸,引得所有的学生羡慕不已。后来,大家就纷纷发言,力争得到老师别具匠心的奖赏,不知不觉中又形成了一个教学高潮。

评价语言的确不应拘于一种形式,它应因人而异,因课而异。教师应创造性地对学生进行评价,用自己内在的魅力激励学生积极主动地参与课堂教学活动,使教学达到令人难以忘怀的艺术境界。

## 三、改革评价方式，提升过程效益

长期以来，对于学生的评价一直沿用终结性评价，期末"算总账"，这种评价方法把本身并不科学的评价结果视为教学成功与否的唯一标准，强调的是对人的甄别、选拔的功能，其目的是选择适宜于更高一阶段学习的人。而在淘汰、选拔的过程中，大多数学生无法体验学习的成功，无法发现自己的发展潜能。而"过程性评价不是对微观意义上的学习过程的评价，也不是只注重过程而不注重结果的评价，它是对课程实施意义上的学习动机、过程和效果的三位一体的评价"。过程性评价既重视学习成果的价值判断，同时注意到学习的过程也是反映学习质量水平的重要方面，强调过程的价值，采取过程性与目标性并重的取向。因此过程性评价是把评价的目光放在整个教学的全过程，进行过程性评价方式及其功能的研究对于有效促进教学改革，有效促进学生语文素养的提高，达成学生发展目标有着积极的意义。过程性评价的主要做法是：

### （一）强化、弱化并举

1. 弱化——书面考试评价

传统评价主要是通过笔试来进行的，分数成了衡量学生学习水平的唯一砝码。长期以来长汀师范附小沿用"大统一"格局，每个单元按年段统一试卷、统一考试时间、统一试题答案、统一流水评卷、统一结果处理……学校、教师缺乏选择的自主权，评价缺乏灵活性，导致考什么就教什么，在一定程度上还是"应试教育"的延续。因此，我们提出：单元考试变单元检测，两个或三个单元检测一次，试卷由本年段六位任课老师共同研讨出题，改革以往只重视知识性考查的内容结构，增加"听""说""读"和"学习习惯"等方面的测评内容或分值，增强书面测试评价的灵活性和全面性。

2. 强化——从三方面落实

（1）强化语文能力评价

①课堂学习"听说读写"评价

学生的学业水平是由一节节常态课的学习结果累积起来的。学生的语文素养是由一篇篇课文的学习积累起来的。因此，每一节常态课的教学评价是过程性评价的最基本单位。过去对课堂的评价重教师"教"的评价，轻学生"学"的评价；重语文知识的评价，轻听说读写能力的评价。为了改变这些现象，我们采用"课堂学习情况评价表"的方式，对常规课上学生"听""说""读""写"及"学习策略"等语文实践能力表现情况进行跟踪评价，督促教师在平常的每一节课的教学中重视学生语文能力的培养，促进教师课堂教学评价方式的改革、优化，全面提高学生的语文素养。

②语文能力分项目测评

学校课题组根据语文课程标准（2011年修订版）各学段的具体目标要求，重新修订《长汀师范附小学生语文学习分项目过程性评价细则》，对各学段学生最基本的语文能力——认字、写字、朗读、背诵、口语交际、课外阅读等方面制订详细的测评内容、测评方式、评价标准，实验老师据此要求于期中、期末进行分项测评，在检测学生语文基本能力的同时，激励他们注重语文知识的积累，认清自己的薄弱方面，有针对性地拾遗补缺，不断提高语文素养。

（2）强化情感态度及学习习惯的评价

我们以评语的方式对学生各学习时段的语文学习情感态度价值观及学习习惯进行描述式评价，通过自评、小组评、家长评、老师评等多方面评价，突出对学生学习动机、学习策略和学习效果的肯定与鼓励。

（3）强化个案评价研究

个案研究能以点带面帮助研究者了解课题各阶段的成效情况，本期我们在个案的跟踪研究上加大了力度，每个实验班选取个别学生进行过程性评价实验，总结出行之有效的评价方式，再逐步推开，力求取得实实在在的好效果。

**（二）方式、功能并重**

1. 完善评价方式

人们都说"评价是把双刃剑"，可见评价可以造就一个人，也可能扼杀一个人。归其原因，评价的"利"与"害"如影随形，特别对于心理尚未成熟的小学生，评价的方式不妥，可能会害其终身。怎样变评价中的"害"为"利"，这是我们研究的一个焦点。从素质教育的观点来看，我们要造就的是一大批爱学习、会学习的人，而不是顶尖的人。一张试卷期末"算总账"的终结性评价的危害性在于必然因素少、太片面，不能客观全面地评价学生。

因此我们提出了以过程性评价的总和为学生一学期的终结性评价定性。归纳为纵横两条线，形成"十"字架式的评价模式。横线为全面体现语文素养方面的因素——听、说、读、写。"听""说"以学生平时课堂的表现为评价依据；"读"以平时课堂情感、态度表现与课外阅读、单元测试、期中、期末测试为依据；"写"以平时的写话、习作、日记、单元、期中、期末习作测试中的字、词、句、篇为依据；再加上期中、期末的单项测试，得出该学生的总评等级。纵线为自评、小组评价、家长评价、老师评价得出该学生的总评等级。最终形成一个既有语文学科成绩评价，又包含学习语文情感、态度、方法等方面的比较全面、公正，还渗透鼓励引导性质的评价。

2. 突出功能研究

任何方式的评价都有一定的功能和作用，如何输送评价的正能量，发挥其促进和激励功能的最大效益？我们立点促面，开展"学生学习线"各类型评价试点，分析归纳出各方式的主要功能，并不断优化其正作用，取得成效后再全班推开，把研究推向深入。如"情感态度及学习习惯的评价"，学生在自我评价、同伴互评、家长引评、老师导评的全过程中受到多方面的关注和鼓励，备感欣慰和鼓舞，获得更大的学习动力、更好的学习策略、更优的学习效果，真正提升过程效益。特别是我们加进了家长的评价，这一点很有价值。俗话说"知子莫如父"，家长对孩子学习情况的了解不亚于同学、老师，虽说他们的评价带有一定的情感因素，但这种情感因素完全可以因势利导地成为家校配合促进孩子学好语文的积极因素。而对那些冒尖学生的评价可在等级定性评价外加"星"奖励。平时课堂有突出表现，加星！参加县级以上学科竞赛获奖，加星！在报刊上发表作品，加星！期末把所得星累加起来，体现在素质教育报告单上。这样，有效地引导、鼓励尖子们超前、冒尖，以更好地区别于同是"优秀"等级的其他同学，让冒尖孩子得到较好的心理满足，获得更足的精神动力。

另外，根据学生年龄特点，还可以巧用有形鼓励，即用象征物对学生作鼓励性评价，以激励学生的上进心和荣誉感。例如，在平时的教学中，我将本班开展的"争章活动"与课堂评价紧密结合起来，根据学生的课堂表现来评定相应的"子章"，诸如"好问章""合作章""勤学章""进步章"等，当学生提出一个有价值的问题时，及时在他的"争章本"上盖一枚"好问章"；

当学习小组合作探讨时，全组同学合理分工、共同研究，表现较好时，及时给这个小组同学发一枚"合作章"以鼓励先进、鞭策后进，激发学生自主参与的积极性。

### 四、突出"二性"，展示课堂评价的魅力

新课标在"评价建议"中明确提出："应发挥语文课程评价的多种功能，尤其应注意发挥其诊断、反馈和激励功能，有效地促进学生的发展。"因此，在语文课堂评价中应根据课型特点，探求科学、新颖、有效的评价方式，彰显语文课堂评价的无穷魅力。下面仅以口语交际课为例谈谈我们在课题研究实践中的点滴体会。

（一）突出评价方式的新颖性

1. 欣赏式评价

所谓欣赏式评价，指学生在倾听过程中，对演说者的口语表达进行评价，发现别人的长处而加以学习。如请获得学校讲故事比赛优秀奖的"故事大王"与班级"讲故事能手"联手开展故事演讲比赛；结合班队干部推选，邀请学校少先队大队干部参加"假如我是中队长"的竞选演说等等。学生看到非本班同学来参加演说顿感新奇，注意力高度集中，听得入神。然后，教师引导学生对演讲者所表达的内容、形式，说话的语气、语调、停顿，演讲的姿态、神情等进行评价，在评价中赞美别人、学习他人。同时，在欣赏中感受演说的乐趣，产生"我也想说"的欲望。

2. 对比式评价

对比能较好地区分优劣，扬优弃劣。在口语交际教学中，教师化枯燥的语言交流为生动形象的画面呈现，指导学生对这些画面进行直观对比评价，他们也会备感新颖，兴趣盎然，想说敢说。例如，人教版语文五年级下册《让名著中的人物走上舞台》的口语交际教学，把学生交际表达的过程当场录像，之后播放视频，引导他们进行横向比较：一比学生间谁表达得好，好在哪里，谁哪方面需要改进等；二比谁介绍的人物与电视剧或书中人物最相像。孩子们对自己在课堂上的表现能像演员一样在大屏幕上展现出来，感到由衷的高兴，自然都想展示自己最好的一面。评价也就水到渠成，评得到位。

### 3. 互动式评价

教师放下架子，蹲下身子和学生对话，让学生消除"位差效应"，师生平等，互动评价，老师可以评学生，学生也可以评老师，通过生师互评、生生互评等评价方式，让学生在互评中体验口语交际的乐趣。比如把教室桌子搬开，椅子排成圆弧状，像电视台访谈节目的形式，老师与学生围坐一起，漫谈式交际，互动性评价。学生真切感受到自己就是学习的主人、评价的主人，可以提疑问，可以赞惊叹，可以质争议，可以畅联想……氛围轻松愉悦，效果也就出奇地令人满意。

### （二）突出评价内容的全面性

新课标在关于评价建议中提出："口语交际评价应按照不同学段的要求，综合考察学生的参与意识、情意态度和表达能力。"这里的"综合考察"要求我们评价要关注全面性，要以学生发展为目的，围绕知识与技能、过程与方法、情感态度与价值观三维目标展开，"重视在语文课堂教学中培养口语交际能力，在日常生活中锻炼口语交际能力。"

### 1. 注重在三维目标统一中评价

口语交际教学首先是语文教学，口语交际的评价也应以语文教学的三维目标为要求。从"言之规范、言之得体、言之有物、言之有序、言之有理、言之有情"等多方面去引领学生、评价学生，真正让学生会说。

如教学人教版语文四年级下册《走，我们去春游》时，学生对春游兴致极高，话匣子顿时打开，这时，教师及时引导学生在倾听过程中明确口语交际评什么内容、怎么评，懂得评价方法。评何内容：（1）表达方面——语音准确，语气、语调适当；（2）思维方面——条理清楚，边思考边交流；（3）倾听方面——认真、耐心、尊重对方；（4）参与方面——乐于交流、敢于发表自己的意见。怎么评：根据同学课堂表现，在每一个评价内容上用"优秀、良好、合格"三个等级评判，再综合评价该同学的口语交际能力，填写评价表。

**表 1　口语交际能力评价表**

| 评价内容 | | 要求 | 评价 | | |
|---|---|---|---|---|---|
| | | | 优 | 良 | 合格 |
| 知识与技能 | 表达方面 | 言之有序 | | | |
| 过程与方法 | 思维方面 | 言之有理 | | | |
| 情感态度与价值观 | 倾听方面 | 听之入耳 | | | |
| | 参与方面 | 参之有情 | | | |
| 综合 | | | | | |

这样，评价内容全面、清楚，方法具体、得当，学生乐于参与、评得有理有据。有的学生还把春游目的地的美景——"朝斗烟霞"画成简笔画，介绍得有声有色；有的编成儿歌或童谣，读得朗朗上口。每一个孩子都得到了不同程度的提高。

2. 注重在语文教学情境中评价

评价内容的全面性，还体现在口语交际的拓展上，让学生在与文本、与课文作者的对话以及对作文内容的观察思考中开拓思维，即兴表达，把文本语言内化为自己的积淀，发展言语能力。

在教学语文六年级上册《穷人》一课后，我让学生续编故事，想象桑娜在收养了西蒙的孩子后，一家生活如何？桑娜和丈夫跟孩子们的感情怎样？小组内学生互说互评，评价时着重抓住事情发展时可能出现的新情况进行设问、提建议，使故事情节生动有趣、跌宕起伏。学生在听取别人的意见后，故事越说越动听，越说越有独创性；在评价别人和听取别人的评价时，也丰富自己的思维。学生通过这种方式在具体的语文实践中提高了创造性表达能力。

另外，评价内容的全面性还可延伸到日常生活中进行随机评价。如在家里与家长交流，请家长协助评价；路上师生相遇，互相交流，教师随机进行激励性评价；模拟问路、打电话等场景进行交流评价；教师利用课间谈话、早会交谈、班队活动等时机，开展灵活多样的交际活动，之后让学生评一评，谁的语言最生动，谁的情感最投入，谁的仪态最优美，谁的评价最优秀……在多形式的交际与评价中提升学生的口语交际能力。

总之，课堂评价是促进学生核心素养发展的源动力。在语文课堂教学中，我们要通过科学、有效的课堂评价让学生看到自己成长的足迹，享受成功的喜悦，增强学习的信心和力量；通过评价让学生发现自己的不足，明确努力的方向，不断地鞭策激励自己；通过评价加强师生的沟通和理解，建立起融洽和谐的师生关系，使学生能"尊其师而信其道"。因此，在语文课堂教学中教师要依据课堂评价标准，重建课堂评价体系，充分发挥自己的聪明才智，展示课堂评价的魅力，在评价中师生共同演绎课堂的精彩。

# 也谈好课三味

福建长汀师范附小　赖荣明

新课程理念下的语文课应该怎样上？什么样的语文课才算是好课？它的标准是什么？仁者见仁，智者见智。我认为真正的语文课姓"语"，也姓"人"，应"味"正、"情"浓、"式"活，应让人读出"语文味"，品出"人情味"，嚼出"书本味。"

## 一、读出"语文味"

"语文味"就是语文课要正本清源，守住语文本体的一亩三分地，具体是学生动情诵读，静心默读的"读味"，圈点批注、摘抄书作的"写味"，品词品句、咬文嚼字的"品味。"语文课不是内容开放无度的知识拼盘常识课，不是人文提升过限的政治课，不是教育目标贪全的各科杂烩综合课，而是通过对典型的"言语作品"剖析、玩味，积累了一定数量的语言材料，学习运用语言进行口头和书面的交际，逐步形成能够独立听说读写的"言语能力"，在此同时内化各种收获。语文课所探究的不是语言文字所承载的内容，而是探究用什么样的语言形式来承载这些内容，也就是说要读懂文章是"怎么写的"，知道如何将情感用恰当的语言形式表达出来。

## 二、品出"人情味"

好的语文课，应充满浓浓的人文关怀，充满浓浓的诗情画意。学生在民主、和谐、快乐、诗意般的情境中读语文，学语文，用语文，快乐地学习、成长。师生的情感在课堂中交融，想象在课堂中飞跃，创造火花在课堂中迸发，个性化的灵性魅力在课堂中展现。有人情味的课堂，一是指语文课要关注儿童的心理特点和认知规律，学习方式灵活、富有情趣；二是指语文课要注重情感熏陶、价值引领；三是指语文课要以人为本，充满人文关怀，对学生要尊重其人格、理解其所需、赏识其个性、激励其潜能。学生和老师平等对话，友好交往，多向互动。

### 三、嚼出"书卷味"

一位老师教学《荷花》时问学生："白荷花在这些大圆盘之间冒出来的'冒'字还可以换什么字眼？"学生说可以换"长、钻、探、伸、露、冲……"老师："读读这段课文，体会体会怎样'长'出来才叫'冒'？"学生说："使劲、拼命、用力、急切、争先恐后、生机勃勃、喜气洋洋……"老师："白荷花冒出来仿佛想干什么？"有的学生说想寻找自己的妈妈，有的说想展示自己的美丽，有的说想呼吸新鲜空气……通过细嚼"冒"字，学生可以体会到荷花冲破阻力，生机勃勃生长的情景。一个"冒"字尽显荷花风姿，也融尽大自然的无穷生机，可见作者用词之精妙。又如一位老师在小学语文第一册《识字3》的词串朗读训练中问："你见过的绿树是怎样的？""大大的绿树怎么读？""小小的、可爱的小树怎么读？""读读绿树。""呵，你读的是小树。""你读的是大树。""你见过什么花？""你想对这些可爱的花说些什么？读读这些花。闭上眼睛想一想红花，闻一闻花香，跟我读'红花'。来到小河边，伸出小手和它握握手，是什么感觉？跟我读'流水'。流水和我捉迷藏，怎么读'流水'……"学生在老师创设的情境中快乐地、入情入境富有个性地朗读，读出了词串的特点，读出了词串的韵味。这样的课如行云流水，越嚼越有味。这样的课需要教师有丰厚的专业功底和文学素养。有"书卷味"的语文课，充满浓浓的文化气息，内含丰厚的文化底蕴；有"书卷味"的语文课，常常灵气勃发，灵光闪现，或教学设计上别出心裁，或在文本感悟上独具慧眼，或在课堂操作上另辟蹊径。有书卷味的语文课是能让人嚼出好味的课，是能让人时常回味的课。

总之，具备语文味、人情味、书卷味的课必是好的语文课，也是新课改所追寻的课，更是为学生的幸福人生奠基的课。

# 诗教如雨露，滋润细无声

福建长汀师范附小　赖荣明　赖崇善

儿童诗教既是对孩子精神家园的一种追寻，一种呼唤，一种呵护，也是教育者的一种精神还乡，其对儿童的身心健康发展必然产生积极乐观的影响。首先，因为儿童是天生的诗人。儿童的天性便是诗性。儿童即使不写诗，本身便是诗。诗教的精髓就是让儿童的生活有更多诗意陪伴，让童年真正闪现童话般的光彩。其二，童心的质地是善良和爱，而善良和爱是诗歌永远且唯一的源泉。所以让儿童多接触那些闪现童心童真、童趣盎然的优质童诗，犹如雨露阳光之于幼苗，是对儿童最天然适宜的精神呵护。其三，引导儿童从快乐读写童诗入手，一方面可以唤醒儿童潜藏的想象力，发展智力，进而孕育可贵的创新创造能力；另一方面对儿童自然亲近母语，学习母语，学会表达也有明显的促进。

长汀师范附小童诗诗社自 2014 年 11 月创办以来，开通了童诗乐园公众号，借助媒体手段，以快乐读写童诗入手，以主题版块的形式，为孩子们创设了一个快乐读写的平台，成为我校发展学生核心素养的重要抓手。本文就童诗教学谈谈几点体会。

## 一、悄悄种下梦想的种子

儿童诗往往首先以其特有的童真童趣吸引孩子的兴趣，让孩子感到好玩或喜欢，并以其内容中所蕴含的纯真、纯善、纯美的童心品质，也就是"诗"这个特质，自然巧妙地达到教育和审美的正面效果，如和煦的春风，直抵儿童的心灵。吟咏一首情趣盎然的小诗，往往胜过千万句的晦涩说教。比如给学生读一首老师写的小诗《谁偷了小熊的梦》：

小熊做了一个香喷喷的梦/他用双手把梦捂得紧紧的/可醒来发现梦还是

丢了/他就四下里寻找/忽然他闻到了一丝梦的香味/原来小猴手里拿着个苹果呢/小熊就赶紧冲上去理论/你这个淘气的小猴/还不快把梦还给我

学生一听到这首小诗的题目就产生了好奇心：小熊做了个什么梦啊？它的梦怎么会被人偷走？是谁偷的呢？怎么偷的呢？听完了小诗描述的情节，孩子们又感到很惊讶：怎么会这样呢？这个憨小熊也太搞笑了吧？所以大家忍不住哈哈大笑起来！有趣的是，从诗中叙事的逻辑来讲，小熊向猴子索要"梦"显然是站不住脚的，或者说是傻乎乎的表现，可大部分孩子，仍然觉得小熊傻得可爱！这可就是那可贵的童心啊！尤其当大家回归到"梦"这个美丽的字眼的时候，我特别意味深长地说了一小段话："别笑小熊的梦了，有梦总比没梦好啊！梦有时候总是有点可笑，但它都是自动地从我们的心灵深处悄悄跑出来的。要我说，我也是一个像小熊一样的找梦人啊！"孩子们听了老师的话，虽然不一定能完全理解老师的话意，但也露出了会心的笑！

梦虽然是虚无的，可就像鸟儿不能没有翅膀，没有梦的童年必然是灰暗的童年，没有梦的人生必然是灰暗的人生，没有梦的民族是不可想象的民族。诗是从心灵深处飞出的歌，是最具想象力和梦幻的艺术。通过诗教在儿童心灵悄悄种下一颗梦想的种子，美丽的梦想在孩子幼小的心灵发芽，当孩子长大了才可能做真正的可以实现的梦。

## 二、轻轻播撒温情的雨露

如果说想象力是诗飞翔的翅膀，那么情感便是诗的生命。这在作者而言是"情动而辞发"，在读者是"披文以入情"。尤其是天然质朴的童诗，其中流露的情感总是扑面而来，温馨可感。无论是写花草树木，还是写小动物或其他事物，只要细细体验融入读诗写诗的过程中，便总能领略一种打动人心的柔软的力量。可谓诗中字字皆有情，笔下句句暖人心。请看黄彦蓉小朋友写的一首小诗《小树的问候》：

"快过来，快过来！"/小树请小鸟传传话/"冬天到了，/松鼠在洞里很孤单，/请你帮我问个好！"/说完飘下了一片叶子/小鸟叼起叶子飞走了/小松鼠捧着叶子/读着上面的话/心里暖暖的！

这首小诗从文字上看是一个微童话：冬天到了，小树想到孤单的小松鼠，就托小鸟帮忙问个好。小松鼠收到问候以后心里很温暖。实际上,小作者之所以会构思这样的故事,是因为自己心中有对小松鼠的关怀,表达的是自己的情感。这种童话的表达方式,用的是一种置换的方法,把自己的情感置换到童话故事里去。由于儿童是泛灵论者,所见世界万物都是像人一样有思想,有情感,有语言的。他们会很自然地在想象世界里涌现类似的情景。换句话说,他们会学习用诗的眼睛、诗的耳朵、诗的心灵去感受大自然,感受生活了。又如钟瑜芸小朋友的这首《小花》:

*清晨的时候/小花脸上挂着泪珠/难道是昨晚做了一个噩梦//*

*太阳出来了/小花悄悄把泪水擦去了/是啊,坚强的孩子/应该开心才对*

小作者由露珠联想到泪珠再想到噩梦,实际上是自己化身为小花去感受了。所以她能进一步想到:小花能擦去因做噩梦而掉的眼泪,该是个多么坚强、乐观的孩子啊。由此,这首小诗便有了在情感上打动人心的意味了。

情感的力量是人性中最可靠最坚韧的力量。而文学和诗的陶冶如春风化雨,能给予人更多美好真挚情感的贮藏。相信如此以往慢慢累积,心灵的原野必然不断盛开出最美的鲜花。

### 三、细细体验亲情和爱的滋味

在情感这个范畴,对儿童来说,亲情和父母之爱是最初的,也是最细腻的。普通而伟大,丰富而持久。凡是拥有高尚博大的爱的人,都是自小从感受亲情和父母之爱开始孕育的。这也是诗教中一个永远不变的主题。每个人的童年时代,会有多少难以忘却的亲情瞬间。学会用小诗的形式来捕捉和展现无疑是最美妙的,更有经久不灭的意义。比如吴彤小朋友的这首《收藏》写得多好啊:

*我用一个吻/把妈妈的笑窝含在嘴里/我用一个拥抱/把妈妈的温暖留在臂弯里/我用眼睛拍一张照/把妈妈的美丽藏在记忆里/我要把妈妈的爱收藏起来/想起的时候/都在我心里*

爱虽然是可感的,但也是抽象和无形的。要把心中的爱用语言文字表达出来并不容易。小作者回顾了一个个爱的瞬间:一个吻,一个拥抱,一个注视。吻留在嘴里,拥抱留在臂弯里,美丽的形象留在记忆里。而最终小作者想到的办法是，要收藏起来，全部留在心里。这种对母爱的"收藏"将是多么恒久而动人啊！试想想，不管多少年以后，小作者和她妈妈只要重读这首诗，心里的感动和幸福是可想而知的。

我们再来读读游宇烨小朋友的《我喜欢的味道》：

我喜欢花草的味道／它藏在花蕊和叶子里／飘在清新的空气里／／

我喜欢阳光的味道／它藏在了厚厚的被子里／躲在了柔软的围巾和棉袄里／／

我喜欢家的味道／它在爸爸的微笑和拥抱里／也在妈妈一遍遍的唠叨里

这首小诗也很有意思，很难得。小作者于不知不觉中应用了文学创作中比兴的艺术手法。小诗围绕"味道"，先写了可以用鼻子闻到的花草的味道以及可以用皮肤感觉到的阳光的味道，最后写家的味道，实际就是父母之爱。尤其可喜的是小作者不但不排斥妈妈的"唠叨"，反而认可唠叨也是爱。懂得爱，懂得珍惜妈妈的"唠叨"，说明善的种子已经在孩子的心中悄悄萌芽。

### 四、慢慢咀嚼成长的苦与乐

童年虽然比较幼稚单纯，生活的浪花却也是五彩缤纷，有喜有忧，有笑有泪的。可以说，点点滴滴，都是留给未来人生最美好的印记。如果能通过诗的形式去分享他人的成长体验或自己用小诗记录下成长过程的一个个瞬间，这本身就是充满诗意的向往。记得在一节诗教课上，老师读了一位叫刘佳兮的八岁小女孩写的一首小诗《牙掉了》：

牙掉了／流血了，变丑了／不能啃排骨了／妈妈说——／我长大了！

随着一个一个简单的句子读出来，大家的表情从不动声色到被吸引，到皱起眉产生同感，到露出会心一笑。非常简洁、稚嫩、质朴的诗句，展现了一个换牙期的小朋友先是为掉牙的事伤心、抱怨，后来得到了妈妈的安慰，并且从"长大了"三个字自然品味出了一个道理：在长大的过程中经历诸如此类的一些小忧伤其实是多么有意思啊！非常简单的一件小事，却因为由同样非常简单的一首小诗来展现，给人带来的教育意味却是深刻难忘的。这也可见诗的魅力。

又如八岁小诗人陈艺萱的这首题为《藏起来》的小诗也很有意思：

妈妈喊我写作业／我想藏起来／爸爸喊我来答题／我想藏起来／／

藏起来看书/看我最爱的/小说漫画还有科幻//

瞧，我画下一只大大的蜗牛/它有一个硬硬的壳/今晚我就藏进去/你们谁也找不到

艺萱妈妈告诉我们，孩子最大的特点就是喜欢看书。可才二年级的她，看来也已经不能任由自己的爱好行事了。连课外时间也没太多的自由，因为学校的作业肯定是不少的。怎么办？没办法，只有"藏起来"，只有藏在一个虚构的"大大的蜗牛"壳里，你们才找不到。孩子们读这首诗，都会有同感。而我想大凡做父母的，如果也读读这样的诗，心里肯定有点不忍心的感觉吧，或者不忍心之余，由此还能找回些童年的记忆。

很多时候，在孩子的成长过程中，成人应该承认自己有不少疏忽、不公正甚至是错误的做法。孩子的表达值得我们倾听。比如吴钦宸小朋友的小诗《等一下》：

我叫妈妈陪我玩/妈妈说：等一下/我叫爸爸听我唱歌/爸爸说：等一下/他们总是说等一下/我总是等不来那"一下"/等啊等啊/我都长大了

是啊，光阴易逝，美好时光不容错过。爸爸妈妈们，再忙，我们是不是也该多陪陪孩子呢？因为美好童年，不能少了爱的陪伴，不能少了诗和童话的陪伴，不能少了艺术教育的陪伴。

著名诗人王宜振先生说："诗通过潜移默化的作用，对人的心灵进行陶冶，使心灵得以净化，得以丰润和提升，这便是人们所说的'人诗意地栖居'的理念。我们的教育应该是完善人格和人性的教育，它的最高境界却是诗性。一个人能够过着一种有诗意的生活，那便是人生的最高境界。""让美丽的童诗童话陪伴七彩童年，让芬芳的诗意书香萦绕附小校园！"是我们童诗教育的期盼。因为幼苗正在吐蕊，未来更多期待！

# 聚焦想象力，释放语文教学活力

福建长汀师范附小　赖荣明

想象力是学生语文核心素养发展的关键。山东师范大学潘庆玉教授说："如果我们在教学中能够挖掘出文本语言因所蕴含的丰富的认知、审美与文化因素所形成的惊异力量，教学内容将不再仅仅是由语言的逻辑意义所构成的东西，而是由学生们的想象力'栖居'在文本中所看到的生动画面、所体验到的'可能'世界。"那么，在落实语文核心素养的语文教学中，如何有效地培养学生的想象力，释放语文教学活力呢？

## 一、比较品评，激发想象

小学语文教材中有许多画龙点睛的字词，教学时通过比较品读，不仅能感悟其用词的准确感、蕴含的情味感，还能激发学生的想象力。如语文三年级下册《荷花》中有这样一段话："荷花已经开了不少了。荷叶挨挨挤挤的，像一个个碧绿的大圆盘。白荷花在这些大圆盘之间冒出来……"

一个"冒"字，内涵丰富。教学时，可紧扣"冒"字，引导学生在比较品评中感悟语言的意蕴和情味。

师：荷花是怎样长出来的？谁想读读文中的句子？

（学生朗读课文）

师：你们为什么把"冒"字读得这么重？

生：因为荷花在使劲地长。

生：因为荷花在用力地从密密的荷叶中挤出来。

师：你们体会得真好。"冒"可以换成别的什么字眼？

生：可以换成"长、钻、探"。

生：可以换成"冲、露、伸"。

生：我认为还是用"冒"好。
师：你能说说自己的看法吗？
生：从"冒"字我感觉到荷花在一个劲儿地往外长。
生："冒"字使我感觉到荷花在急切地长。
生："冒"字使我觉得荷花在痛痛快快地长。
生："冒"字使我觉得荷花在争先恐后地长。
生："冒"字使我觉得荷花在生机勃勃地长。
生："冒"字使我觉得荷花在兴高采烈地长。
生："冒"字使我觉得荷花在精神抖擞地长。

……

师：冒出来的白荷花仿佛想干什么？
生：白荷花在这些大圆盘之间冒出来，仿佛要看看外面这个精彩的世界。
生：白荷花在这些大圆盘之间冒出来，仿佛在向小朋友展示自己的风采。
生：白荷花在这些大圆盘之间冒出来，仿佛想尽情呼吸新鲜空气。
生：白荷花在这些大圆盘之间冒出来，仿佛要在风中翩翩起舞。
生：白荷花在这些大圆盘之间冒出来，仿佛在奏起一支支美妙的夏之曲。
师：一个"冒"字用得多妙啊！它表现了荷花亭亭玉立的风姿，写出了荷花充满生命力的蓬勃生机。

上述案例中，通过对"冒"字的比较品读，使学生感受到了荷花充满生命力的蓬勃生机。学生的思维被唤醒，情感被激活，有了许多充满想象力和创新思维的独特的体验。

## 二、品读语言，唤醒想象

刘勰在《文心雕龙·情采》中说："故立文之道，其理有三：一曰形文，五色是也；二曰声文，五音是也；三曰情文，五性是也。"这里所谓"形文""声文""情文"体现了汉语言文字具有"重意会默写、重气韵生动、重感性形象"的美学特征。因而，在语文教学中我们要通过对语言文字的"涵咏""吟诵""品味""体味""妙悟"等"情感体验"过程，使自己融入语言所营造的想象的意义世界中。

如在教学《乐府诗集·江南》中的"江南可采莲，莲叶何田田"这一句诗时，可分三步走：一是读诗句，想画面；二是再吟诗句，品诗中之画面；三是画心中之画，悟诗中之意境。课堂上，学生有的紧扣诗中"何田田"一词品读，读出其形象和音韵中流露出的感叹和赞美的语气，体悟出内含的情感的力量，并从字象悟出所构成的语象，引发出丰富的联想，在联想过程中浮现出形体之象，感悟出意义之象。也有的学生张开想象的翅膀，想象出"鱼戏莲叶间，鱼戏莲叶东，鱼戏莲叶南，鱼戏莲叶西，鱼戏莲叶北"的美好图景。学生在品读、联想中有效唤醒了"栖居"的审美鉴赏能力和想象创造思维力。

### 三、依托教材，放飞想象

小语教材中蕴含着许多创新因素，教学时，我们从培养学生的想象力、创造力出发，挖掘教材中的创新因素，教给学生创新的方法，让学生学会想象创新。

1. 换一换，即改换句型。如把"母亲从树上采下桑叶"这句话改换成反问句、设问句、疑问句、比喻句、"把"字句、"被"字句等。这类练习在帮助学生积累语言的同时，培养了学生的发散性思维能力。

2. 画一画，即对一些画面感强的课文让学生动手画图，用图像表示课文内容。如学了《荷花》这课，让学生画一幅想象中的荷花起舞图；学了《蟋蟀的住宅》这课，让学生用简单的图形画出蟋蟀住宅的挖掘方法。

3. 编一编，即通过编儿歌、童话或办手抄报等形式来内化学习内容，培养学生的创造性思维。如学了《富饶的西沙群岛》一课，让学生用手抄报形式分组设计"西沙群岛海底世界"展览，先确定安排哪几个展厅和展览内容；再进行组稿、排版、设计；然后每个展厅安排一名解说员进行解说；最后评一评哪个小组设计得最有特色，哪个解说员说得最精彩。根据儿童爱幻想、崇善真、善、美的特点，我尝试让学生编童话、写童话，并组织学生编童话集。学生赋予世界万物于人的灵性，写出来的童话很有个性。这些语文实践活动既能激发学生的学习兴趣，又能培养学生的协作精神和创新能力。

4. 演一演，即对课文中的一些童话和情节曲折的故事让学生模拟角色表演来加深对课文内容和思想情感的体会，激发学生的想象力和创造力。如学了《西门豹》，学生自编自演课本剧。他们分角色扮演西门豹、老大爷、巫婆和官绅，把故事情节表演得惟妙惟肖。

5. 补一补，即让学生根据上下文去揣摩、想象课文中空白的情节，进行补白扩文。如《她是我的朋友》一文中讲道："医生问他为什么哭，然后用轻柔的声音安慰他。男孩立刻停止了哭泣……"文中的男孩阮恒为什么哭泣？医生怎样轻柔地安慰阮恒？医生会说些什么？课文里留下了一段"空白"。教学时，可启发学生展开合理想象，把这段空白补充出来。

6. 续一续，即根据课文的结尾想象故事的发展和结局。如《小木偶的故事》结尾写道："老木匠说得没错，笑是很重要的。不过，要是只会笑，那是远远不够的。"那么在小木偶身上，后来又会发生什么事呢？根据结尾可让学生展开想象，把故事续编下去。

7. 研一研，即开展研究性学习。比如学了《长城》一课，让学生查阅资料，收集有关长城的故事、传说、图片，调查近年来大量游人涌入，长城遭到破坏的状况，研究保护长城等文化古迹的措施等。

8. 拟一拟，即为产品或景物拟广告词、解说词或导游词。比如学了《新型玻璃》，让学生选择自己喜欢的一种新型玻璃替厂家拟广告词；学了《趵突泉》和《桂林山水》，让学生为想去趵突泉或广西桂林旅游的游客拟一份导游词。

9. 反一反，即逆向思维，反过来想一想结果会怎样。如学了《花钟》，让学生观察描写自己喜欢的一种花卉。在描写牵牛花时，大多数学生喜欢赞美牵牛花奋发向上的顽强精神。我让学生反过来找找它的弱点。于是有的学生从逆向思维进行立意：讥讽牵牛花依附别人的力量向上爬。

10. 改一改，即进行改写练习，让学生练习把第一人称的文章改写成第二人称或第三人称，把诗歌改写成记叙文或散文。如学了《渔歌子》，让学生想象诗中意境，把古诗改写成记叙文。

## 四、紧扣语段，训练想象

三年级主要是段的训练，让学生能读懂一段话，并能围绕一个意思把一段话写具体。教学时可借助教材中的重点语段，了解每个语段独特的语言表达结构，这样写段时就能举一反三，触类旁通。如《翠鸟》的第一自然段围绕"它的颜色非常鲜艳"，分别从翠鸟头上、背上、腹部三个部位的羽毛进行描写。通过读语段，了解语言的结构后，可让学生根据这样的表达结构，进行写段训练：

1. 观察一种景物，根据第一句话的意思，把句子补充具体。"＿＿＿＿＿＿＿＿真美啊！＿＿＿＿＿＿＿像＿＿＿＿＿＿＿；＿＿＿＿＿＿＿像＿＿＿＿＿＿＿；＿＿＿＿＿＿＿像＿＿＿＿＿＿＿。"

2. 观察小白兔的外形特点，展开合理想象，以"小白兔真可爱！"为总述句写一段话。

可见，语段训练的过程就是运用"结构"的过程，在积累、运用中这样的"结构"就能逐渐内化为学生的"语言结构"，通过在生活化的语境中活用结构，从而促进学生想象表达能力的提高和语言智能的生长。

# 丰富积累，梯度训练

福建长汀师范附小　赖荣明

"问渠那得清如许，为有源头活水来。"在作文教学中如何广开生活源泉，丰富学生生活，将生活的乐趣引入课堂，拓展作文的内容和形式，让学生把视野和触角伸向家庭，伸向自然，让作文教学走向生活化，探索不同学段的生活化作文教学方法和梯度系列？下面谈谈我们的一些做法。

## 一、丰富生活积累，让学生"有米下锅"

作文要表现日常生活的点滴，描写衣食住行、学习娱乐中的喜怒哀乐。这些普普通通的小事情，只要感受深、印象深，写出来就是好文章。

1. 紧扣生活，写出生活中感受深的小故事

生活是写作的源泉，我们身边每天都发生着不计其数的新鲜事，对此我们要善于做生活笔记。大作家茅盾先生告诉我们："应当时时刻刻身边有一支铅笔和一本草簿，无论到哪里，你要竖起耳朵，睁开眼睛，像哨兵似的警觉，把你所见所闻随时记下来。"可是有些学生对此视而不见，听而不闻。可见无材可写的根源是不善于观察，仅做生活的旁观者。其实身边的人、事、景、物无处不有，关键是要善于观察分析。要求学生坚持记日记，记日常生活小事，记感悟见闻，记观察所得，并通过开展丰富多彩的活动，如故事大赛、诗歌朗诵会、主题演讲、社会实践、作文竞赛、运动会、主题班队会、班级小小运动会、猜字谜等等来丰富学生的生活体验，从而增强学生对生活的观察能力和思考能力，丰富学生的素材库，为"巧妇""造炊"寻"米"源。

2. 写出童心、平常心，作文才有真感情

作文要有话可说，就要写出自己在日常生活中对人对事的真实看法和真实的感受，而不是大人的想法、老师的要求以及为写文章而刻意拔高的东西。

要让学生无拘无束地表达自己的喜怒哀乐、所思所想。

　　作文说的就是真人真事，写的就是真情实感，但平时学生在写作文中，有时为了完成任务胡编乱造，或抄袭他人，或无病呻吟。在学生的笔下，同学都是拾金不昧的，老师都是抱病工作的，邻居都是乐于助人的，家乡都是美丽富饶的。内容千篇一律，缺少新意。因此我们在指导学生习作时，要注意养成学生说真话、写实事的习惯，这对于培养学生踏踏实实做人至关重要。

　　如何引导他们写出真情实感的习作呢？

　　首先对于写"真"的作文，给予充分的肯定表扬。其次引导学生拓展题材，在生活、在回忆中找真。如写"难忘的一件事"，可以从"为什么难忘"入手，引导学生回忆童年到少年，从校内到校外，说说生活中曾经有过的"有趣的、有意义的、受教训的、后悔的、令人伤心的、令人高兴的、令人气愤的、打击最大的"一件事。这样可使一个平常题目延伸到生活的每个角落，在生活、回忆中选取印象最深的一件真事来写，这就可避免无米下锅之苦。第三，创设自由表达的空间，让学生在交流中，细细品味，体验真情实感。学生一旦有机会无拘无束地进行口语交流，他们能尽情地流畅地表达自己的真情实感，说出了真话，再让学生动笔就不会空话、客套话一大堆了。

　　3. 展开想象的翅膀，多练写想象作文

　　要鼓励学生写想象中的事物，激发他们展开想象和幻想，发挥自己的创造性。想象是一种创造性的思维方式，独特性是他的特点。对于小学生来说，其思维方式以形象思维为特点。他们有着敏锐的感知能力和丰富的想象能力。在写作教学中，总要教育学生敢想，并鼓励学生多想，展开想象的翅膀。如在观察某一事物，就可以随意地去想它的过去未来，或想一些跟它有联系的事物。多让他们写想象作文，最大限度发挥他们自由的天性。具体操作如下：

　　1. 想象来自于知识，可以根据已有知识编故事。如：学习《滥竽充数》一文后，让学生想象南郭先生被拆穿以后发生的故事；学了《亡羊补牢》，学写羊圈修好后发生的故事。

　　2. 想象来自于愿望，可以在自己的作文中把愿望变成现实。如：未来的空间站；空中学校；假如我是一只小鸟；二十年后的我……

　　3. 想象来自于大胆构想。如：我躺在月亮上和星星聊天；我想变成一只小小鸟在蓝天上自由飞翔……

## 二、有梯度训练，有效习作

习作训练应根据学段由片段到篇章，由简单到复杂，循序渐进，构建出一个互相联系、层次清楚、循序渐进、系统完整的小学作文教学目标的梯度写作训练体系。

（一）片段练习。主要让学生把储备的体验及知识运用到片段练习中，由简单到复杂，循序渐进，写生活，写感受，使学生养成"作文即生活，为生活作文"的理念，抒发真情实感，为篇章练习做好铺垫。

（二）篇章练习。这一阶段是在片段练习的基础上进行篇章练习，由简单的记叙文到复杂的记叙文，进而进行半命题作文、材料作文训练。篇章练习有以下三个要点：

1. 重点训练学生从生活中选取新鲜题材的能力，指导学生围绕中心选材；选材范围侧重写家庭和校园生活。

2. 重点训练学生思维条理性和布局谋篇能力，作文结构安排求新、求深，培养学生多角度表达、详略得当、点面结合、过渡照应等能力，指导学生展开联想与想象拓展思路。作文命题范围侧重校园生活。

3. 指导学生作文时做到文从字顺，内容鲜活，形式上不拘一格，描写大自然和社会生活中的所见所闻，所思所感。

## 三、自主评改，改中提高

俗语说得好："好文章是改出来的，不是写出来的。"这句话强调的是作文修改的作用。

"授人以鱼，不如授之以渔"，老师需帮助学生构建起一个完整的评改作文体系，以学生为主体、老师为主导的习作评价体系，先教给学生作文评改的方法和步骤，初步形成修改作文的能力。具体做法是，每次习作写完后，分步骤地进行以下活动：自改自评→互改互评→小组评议→教师评价→班级讲评。

1. 自改自评。习作完成后，学生先自我修改，依据该次作文训练重点，写出简短的自我总评，这使学生较好地关注自己的作文，增强了责任心。

2. 互改互评。习作完成后，同桌或邻桌之间互相批改作文，这是在自改自评的基础上进行。教师允许学生通过商谈、询问等方式提高互评的质量，写好评语。一方面，他们为了使自己的习作赢得"读者"的喜爱，一定会端正写作态度，兴趣一定比以前大得多；另一方面，他们又为自己作为"读者"来评价别人的习作而备感兴奋。教师引导学生在评价他人习作写出评语时，能联系到自己习作的得与失，在评中提高自己的修改和写作水平。

3. 小组评议。将学生划分若干小组进行评议，教师先指定一名习作尖子生为组长，以后组员轮流担任组长，组织本组认真评议本组习作，评出优秀、良好等等级。

4. 教师评价。教师评价，是在学生评价的基础上进行。教师既看到了学生的原作，又看到了学生的自评和互评，更了解了学生的写作实际。这时，教师针对不同学生和同一学生的不同阶段，精心选择突出的问题进行评价。教师的评价要善于肯定学生的点滴进步，能较好地促进学生的发展。

5. 班级讲评。教师选出小组评议和自己评价中有代表性的习作在班级进行讲评，从而促进全体学生作文水平的提高。

通过自改、互改、小组评议和教师批改等多次评改，既让学生掌握了评改方法，又养成了修改文章的好习惯，为提高语文素质奠定了坚实的基础。

# 制造"认知冲突"是一种有效的学习策略

福建长汀师范附小　王　欣　赖荣明

文似看山不喜平，阅读教学也一样，没有一个老师不期待在自己的课堂上能和学生发生强烈的思维碰撞。那么如何有效激发学生的思维的浪花，让我们的阅读教学充满思考情趣呢？笔者认为巧妙制造"认知冲突"是一种有效的策略。

## 一、创设问题情境，引发认知冲突

教师在备课中，要找到新旧知识的分化点，在分化点处设置矛盾冲突，提出有悬念的问题，从而引发学生迫不及待想探究的兴趣和欲望，促进他们利用已有的知识和经验，形成自主探究的意识。例如一位老师在讲《学会看病》这篇课文时，他先让学生猜猜这篇课文主要讲什么。学生从原有的认知中提取信息：有人认为，课文可能介绍一些医生怎么学习看病的理论知识；有人认为，课文应该介绍一些病人看病的生活常识；而有人认为，课文会不会是介绍一些病人看病的故事；还有人认为，课文也许会介绍一些看病的诀窍……做课者一一摇头，老师的否定，使学生思维的兴奋点被激起，产生的认知冲突让学生以饱满的激情投入新课的学习中。上课伊始，教者利用新旧知识的分化点提出有悬念的问题，设置矛盾冲突，从而引发了学生探究新知的欲望。

## 二、利用动态生成，引发认知冲突

小学生由于思维水平和阅读经验的限制，阅读的个性化体验有时不够全面，不够完善。在学习的过程中，常会因一些新知识、新问题情景一时难以纳入已有的认知结构而产生认知冲突。这些认知冲突往往使课堂生成偏离教学预设的轨道，课堂上出现意外的动态生成，这些意外生成是课堂上难得的动态生成性课程资源，因此，教师适当进行认知冲突的调控显得十分必要。如果这时教师能捕捉到这些认知冲突，顺着学情，帮助学生打开思路，往往会收到意想不到的效果。例如一位教师在教学《凤辣子初见林黛玉》一课时教到王熙凤的这段话："妹妹几岁？可曾上过学？现在吃什么药？在这里不要想家，想到什么吃的什么玩的，只管告诉我。丫头老婆们不好了，也只管告诉我。"初读这几句话时，学生认为："这几句话说明王熙凤很关心林黛玉。"当阅读感悟偏离主题时，教者并没有急于否认，而是巧妙地挖掘学生阅读偏颇中的合理成分，因势利导，引导学生调整思路："同学们，那王熙凤了解到了妹妹几岁了吗？""没有。""了解到了妹妹上过学吗？""没有。""了解到了妹妹现在吃什么药吗？""没有。""不是都问过了吗，怎么什么也没问到呀？"一石激起千层浪，是啊，王熙凤问了一连串怎么什么也没问到呢？学生的求知欲望和探究热情被激发出来了，思维的空间打开了，这种欲擒故纵的认知冲突的调控，让学生在对"王熙凤很关心人"这一假命题的推导中逐步走向死胡同。豁然开朗的学生读懂了凤辣子，明白了她拉着黛玉的手嘘寒问暖，一方面是为了炫耀她在贾府中的地位和权势，另一方面又是想利用她对黛玉的关心来讨好贾母。作者就这样入木三分地描绘了她逢迎拍马、见风使舵的本领，揭示了她深得贾母宠爱的原因。这一环节的教学教者巧妙捕捉到这些认知冲突，顺着学情，帮助学生打开思路，收到意想不到的效果。

另外一位教师课堂上巧妙进行的认知冲突调控也让我记忆犹新。在《第一场雪》教学中分析到"咯吱一声响，树木的枯枝被积雪压断了"这句话能不能说明雪下得大时，大多数同学认为不能，原因是枯枝本身没什么承受力了。此时，教者并没有否认他们的看法，而是从学生发言中提取了有益于揭示正确认识的"枯枝到底有没有承受力"这个问题，让学生形成认知冲突，继而引导探究。敏锐的学生在探究中大悟：下雪前呼啸的狂风整整刮了一下午，枯枝依然没有被吹断，说明它还是有一定的承受力的，也就是说雪的威力比狂风大，可见，枯枝被积雪压断了是能说明雪下得大的。

## 三、利用模糊认知，引发认知冲突

阅读教学中时常有学生会产生模糊的阅读认知，教师要将解决认知冲突的过程与学生阅读活动巧妙结合，调控利用认知冲突，促进动态生成，以便学生及时调整思路，认清本质。笔者最近听了"精彩极了"与"糟糕透了"一课，课文中有这么一句话："七点。七点一刻。七点半。"对于这么一句平常的话，一位细心的学生并没有一读而过，而是说出疑团："通常情况下，表示时间的短语间都是使用逗号，为什么在这句话中却使用句号？是印刷失误吗？"是啊，怎么会使用句号？被他这么一问，其他学生也个个满脸疑团。这时，老师巧妙利用模糊的阅读认知，引导学生再联系上下文读读，并注意一些关键词。学生渐渐明白了，这里使用句号后更能突出巴迪等待父亲归来，想得到父亲表扬的那种迫切的心情。紧接着老师引导同学们再读这句话，这时候的读，不再是干瘪瘪的了，孩子们那轻轻的缓缓的读书声仿佛能穿越时空，全体听课者仿佛也与小巴迪一起迫不及待地等待着他的父亲回来。

可见，学生的认知冲突在阅读教学过程中起着重要作用。而这种认知冲突的产生和解决过程，正是学习者接受新的、正确的阅读体验，实现阅读飞跃的过程。

# 借助自媒体平台，让习作教学焕发生命的活力

福建龙岩实验小学　陈晓芳

新课标高年级习作要求"懂得写作是为了自我表达和与人交流"，这与自媒体生活平台的运作有异曲同工之妙。因此，我们虽然有百分之六七十学生不爱写作文，甚至怕写作文，但是他们却好发微信，好写 QQ 日志，爱浏览百度官方贴吧等网络社区。总而言之，学生热衷于在自媒体生活平台上展示自我。

因为在博客、美篇、微博、简书、微信等自媒体生活平台中，每个作者都可以从"旁观者"转变成为"当事人"，都可以拥有自己的美篇、简书账号，拥有博客、播客、抖音……它们"飞入寻常百姓家"，使得每个学生都能够自主地在合法范围内"想写就写""想说就说"，都可以表达自己的观点，传递生活的感悟见闻，构建自己的社交网络，真正实现写作是为了自我表达与交流。

学生怕习作，究其原因在于我们的习作教学没有寻找到合适的办法，没有充分调动学生的习作欲望。因此，教师可以运用自媒体生活平台改进自己的习作教学。

## 一、让自媒体进课堂，激发学生的习作兴趣

兴趣是最好的老师。所以，我们应当充分地认识到，作文这种语言交际活动，应当让学生知道自己所写的文章有什么实际的价值，从而激发学生的习作兴趣，使学生产生习作的持续动力。

1. 传统习作教学限制了学生的思维

传统习作教学与学生的交际活动完全脱离，教师往往要求学生写一些脱离他们生活实际的文章。课堂基本遵循"命题—提纲—习作—评讲—修改"

程序。老师们或以习作知识为中心、训练为主线，或侧重理论性的讲解、文章的范读；学生则被动地接受传授，苦思冥想，拼凑字句，勉强成文，完成任务后交给老师就没事了。这样的作文课堂无法尊重个性差异，不能为积极建构、自由对话的学习创造机会和可能。

传统习作教学中教师的技能传授、写作训练的方式，缺乏对真实语言情境与学生个体生活经验的关照，学生按老师教的章法谋篇布局，因此，思维受到限制；也因为习作不是自我表达的需要，是为了完成任务，所以毫无兴趣激情可言，反而使学生惧怕作文，甚至厌烦作文。

2. 借助自媒体平台，让生活成为习作的源泉

陶行知先生认为"生活即教育"，意即教育要能使学生合理的生活需求得到满足。只有使学生对生活的观察和思考有内在的动力，学生"自觉需求"的层次和质量才会逐步提高，学生对习作才会有兴趣。

全民微信时代，让习作指导与微信平台有机结合正是契合了这样的需求。厦门前埔小学的林睿老师设计的习作指导课《汉字代言人》，就巧妙地利用微信载体，抓住孩子们好发朋友圈的特点，把习作改换为让学生为"汉字"代言。她设置了"汉字君"这个虚拟人物。这个汉字君在朋友圈中，发现了"大夫"的两种读音［dàfū］［dàifu］的滥用。于是，林老师要求学生以汉字君的名义发微信朋友圈，说清两种读音的字理学知识或讲述自己明白读音不同的过程。她利用学生喜欢他人"点赞"的心理，指导学生先写后评，在习得知识的同时水到渠成地学会书面表达，把"写"落到了实处。

林老师的设计角度新颖、独具匠心。她将习作教学置于真实的情境中，让学生感受到习作的价值和意义。习作是为了交际，有趣！怎么有趣？首先，习作任务有趣——发朋友圈，谁不会？其次，习作内容有趣——多音字读音不同义可能差之千里，正确使用才不会闹笑话；第三，习作评价有趣——朋友圈中的好友都可以评价，评价的方式可以点赞，可以评论，习作有了读者意识；第四，修改有趣——在他人的评价中反复修改自己的文句，在反复修改中收获肯定……林老师的设计，是利用自媒体进行习作教学的有益尝试。因为她潜移默化地教会孩子正确地真实地表达自己的想法，学生也在兴味盎然的训练中完成了习作的任务。

## 二、从生活到自媒体，培养学生的读者意识

英国"国家写作计划"委员会的一项调查发现，学生在校内写作活动中往往缺乏一个真正的写作对象——读者。而事实上，写作是人与人沟通交流的工具，有活生生的、真实的读者，才能刺激作者的写作欲望。如何培养学生的读者意识？

从写作角度看，读者就是写作时心中存有倾诉或交流的对象。习作过程是一个复杂的心理过程，它涉及观察、记录、分享、交流、评价、欣赏、合作、探究、学习等活动。其中"分享、交流、评价、欣赏、合作"都指向读者！

不少老师都阅读过学困生的说明书，读后都会感叹：这样成绩不好，作文水平极差的学生，竟能写出文从字顺、感情充沛、洋洋洒洒的文章！为此，老师们总结出原因：这些学生有生活基础，又有表达的需要，有强烈的写作愿望。于是老师们便想办法，变换着方式创设情境激励学生。这种想法和做法都是正确的。但是仅仅总结出"写作需要"是不够的，因为在这里面还包含着"分享"和"交流"的问题。在说明书写作中，学生倾诉或交流的是老师，他想辩解，又担心当面解释会被认为是顶撞老师，于是，他必须考虑为自己辩解，又要考虑老师的感受、接受程度等，文章因有了读者意识而洋洋洒洒、感情充沛。

从写作教学角度看，读者意识是一种倡导在近似真实情境中进行写作的作文训练方式。

学生们并不缺乏习作的素材。学校活动多姿多彩，有运动会、捐款活动、义卖劳动、节日演出等；有社会活动，如社区服务、义卖活动、到敬老院送温暖等；有参与家中事务，比如孝敬长辈、做做家务、学学美食……丰富多彩的生活如何转化为习作？

伊瑟尔认为，作者创作过程中始终存在着"隐性读者"。教师应当转变方式，如把习作要求换成可以交际的自媒体平台的文章，确实能够培养学生的读者意识，提高学生习作表达能力。

怎么做？以美篇平台交流为例，具体操作程序为：教学生下载美篇 APP，

指导学生做美篇。如设置标题、添加图片、复制文字、反复修改，然后配上音乐，确认发表，甚至指导学生设置"打赏"等等。学生点开美篇 APP，按照制作方法，给活动照片配上的文字说明就是一篇文章。比如把要求学生写《我学会了——》的习作换成制作美食的美篇。学生就可以请求他人为自己的制作过程和结果留下照片，用文字记录自己制作美食的过程、感受。学生在制作的过程中要考虑读者能不能在自己图文并茂的美篇中了解做菜的过程，感受到做菜的乐趣，考虑自己的文字是否适合读者阅读，在读者阅读后看读者的留言。美篇可以反复修改不留痕迹，因此，作者可以依据读者意见或建议反复修改，反复确认，反复发表。

在这样的自媒体习作中，学生的习作是自由的。自由的空间生发了真实的习作：自由生成主题，可以随时随地表达。其次，从教师看，教师的指导是动态的。教师可以在浏览作品后动态生成指导的内容、时间、方式，实现了以生为本、以学定教的理念。在这样的自媒体平台上，学生既是读者又是作者，教师则既可以指导学生习作又可以全方位地关注育人的品质。第三，教师的评价是实时高效的。教师不仅可以在美篇中评价学生的遣词造句，还可以评价学生的情感、态度、价值观。

这样变化，促使了学习共同体的形成：作文不再是给老师一个人批阅的，老师、学生、家长都可以通过平台分享、互动，改变了原有单一的对话方式。同样，写人的、写景的习作也可以这样从生活到自媒体，从自媒体到交流共享。这种变换，让作文的过程变得好玩有意思，也更有效地培养了学生的读者意识，让说和写成为学生的需要。

## 三、借自媒体做监督，促进学生的真实表达

习作在自媒体平台上发表，相当于把自己的所见所闻、所思所想与他人共享，同时，必须接受全班同学、学生背后的家长，甚至接受陌生的读者的质疑。因此，真实成了检验习作优劣的第一标准。

为了让学生敢于说真话，管建刚老师鼓励学生"宁愿说错误的真话，不说正确的假话；宁愿说不好听的真话，不说好听的假话"。这是在要求学生学会"说真话，抒真情"。利用自媒体发表习作，借助自媒体读者的监督，必然

能促进学生的真实表达。

仍以一位同学在美篇上发表的文章为例。她在《那个绰号叫"红糖馒头"的》一文中写道:"为什么要叫他红糖馒头呢?这就要归功于他的外貌了。他的肤色和红糖馒头一个色号,他的脸蛋和红糖馒头一样饱满。而他与红糖馒头最相似的地方就是全身上下都是圆圆的——圆圆的头,圆圆的耳垂,圆圆的芝麻大小的眼睛,圆得像一头成年企鹅的身材。最特别的是他圆圆的肉嘟嘟的脸,好像轻轻一掐就会流出很多'金龙鱼花生油'似的。"被写的同学真的是这样的呀。所以,她虽然把同学写得不够美,但写得真实、生动、有趣,被写的同学也不生气。

又如李家仪同学写的《爱搞事的邹梓航》:"邹梓航爱'搞事情'可是出了名的。看,大家开始学新歌了。音乐老师背过身弹钢琴,负责登记的班长也开始唱歌了,这个'大奇葩'就开始'搞事情'了:只见他低下头,悄悄地抬起眼瞥了下正在弹琴的音乐老师,又偷偷转过头瞄了一眼正背对着他唱歌的班长,然后轻轻地拿起他屁股下的小凳子,往黑板的方向挪。边挪边转过身来,朝我们轻轻'嘿'了一声,接着飞快地转回身子,拿起一根粉笔,凑近黑板,开始作画。先画一个大圆——这是头;再画上两个小圆——这是眼睛;最后再画上几道弧线,就是嘴巴和辫子。画完了,他又放下手中的粉笔,抬起手,悄悄地指了指他前面的班长!接着,还'唯恐天下不乱'地拍了一下自己的大腿,然后肆无忌惮地笑了起来。听到了邹梓航放肆的笑声,音乐老师停下了弹琴,转过了身来。'你画的?'音乐老师见映入眼帘的是一幅奇丑无比的画作,不由得皱起了眉,质问道。'不是我画的!谁画的?'邹梓航'翻脸'比翻书还快,立刻停下了他那张狂的笑声,一脸正色与无辜,仿佛这一切都与他没有关系。"我问梓航:"这样写你,你生气吗?"他说:"不会,我就是这样的。"真实,所以经得起考验。而这样像高山雪莲一样难得的真实的、充满童真童趣的文章,正是促进学生自我表达、真实表达、与人交流的基础。

因此,运用自媒体平台书写生活,是改进习作教学的需要,更是时代的必然选择。学生在自媒体平台上能真实地表达自我,放飞自我,真正做到"我手写我心,我心表我情",从而让习作焕发出生命的活力!

# 轻叩生活，开启"童心"作文之门

福建龙岩师范附小　华秀秀

"童心"指的是直率童真的心理，纯真的心情、情感。在习作教学中让学生保存"童心"，书写真正属于他们自己的有生命的文字，放牧自己的精神，乐于与他人交流思想与情感，是核心素养下我们追寻的"新作文课堂"。

当下，以生活为源头自由开发作文素材的创意写作课程，因其贴近学生实际、趣味性浓，易于引发学生的表达欲望，越来越受老师青睐。但由于缺乏训练的规划，学生习作时，依然难以书写心灵。为此，我在中高年级作文教学中，坚持"生活为本"，寻找训练点，系统规划，帮助学生生长，引领学生走进充满"童心"的作文课堂。

## 一、"童眼"看世界——学会观察生活

学生的作文空洞乏味、毫无感染力，有时并不是他们对生活熟视无睹，而是它们即使发现了有生活内容可以写，却无法用心体会，更无法用笔去表达具体明白。造成这一现象的很重要的原因是学生缺乏细致的观察能力和良好的感悟能力。

龙岩师范附小创办的"童心电视台"，每周面向中高年级学生征稿。某次"童心电视台"组织主题为《美丽校园，你我共建》的微视频、报道文稿征集。于是，我组织引导学生这样整理材料、撰写文稿：动员学生寻找校园不够"美丽"的地方，拍照留下信息；交流分享信息，同学们一致认为花圃、走廊上垃圾乱丢现象严重；然后与学生一起撰写调查方案，提出"在校园里，你有随手扔过垃圾吗？""见到垃圾有捡起来过吗？""你觉得我们校园环境如何改进？"等几个问题，开展调查访问活动；最后分工合作编辑视频、撰写文稿。教学活动与生活紧密联系，学生热情高涨，积极参与其中，拍摄的微视

频精彩纷呈，写出的通讯稿活泼风趣，被"童心电视台"录用播出，孩子们因此大受鼓舞。

"留心观察"的种子就这样轻轻地播撒在孩子们心中。在以后的"体育节""校园艺术节""读书节"等活动中，我都用这种方法擦亮学生观察的眼睛，打开了学生观察的思路。经过一年的系统训练，学生慢慢学会了在生活中寻找素材，并能主动及时写下身边见闻、感受。这样的"童心"作文课堂，让学生的习作有了生活的味道，内容也丰满起来。

## 二、"童心"品生活——学会刻画细节

刻画细节即生动、细致入微地描述事物，能增强事物的直观性和感染力。因此，学生有了留心观察周围事物的习惯，还得有意识地培养学生捕捉细节、刻画细节的能力。

中年级的孩子对游戏感兴趣，在游戏中训练学生捕捉细节，习得方法，进而激发在生活中表达，此不失为帮助学生养成刻画细节写作习惯的好方法。在《游戏里的小镜头》这节作文课中，我调动学生眼、耳、口、身、心共同参与到"把贴在额头上的饼干吃到嘴里"的比赛活动中去，引导学生用眼睛"拍下"脸部各器官动作，发现最有趣的镜头并将其写下来。教师与学生交流发现细致观察和细致表达的秘籍：采用切分镜头定格法观察，切西瓜般把一个长长的镜头切分成几个小镜头，然后重点对着几个特别有趣的小镜头把画面说清楚，并适时切换镜头，就能把人物形象刻画得形象生动。

在愉悦的课堂氛围中，短短四十分钟，学生由最初的笼统概括描述到最后能抓住最有特征、最有趣的动作神情去细致刻画人物形象，写出了许多精彩的片段。

在学生初步了解了什么是细节描写以及细节描写的方法之后，我放手让学生去"寻找生活镜头"，观察人物、花鸟虫鱼、风雷雨电、建筑环境等，写下自己的观察日记，生成写作训练点。孩子们乐于观察，善于表达，用手中的笔描绘生活中一个个有生命的镜头：有的描写课间同学们活动的身影，充满了童趣；有的描写父母在家中忙碌的画面，感受了父母的辛劳；有的描写植物的生长，探寻大自然的奥秘……比如一位孩子写关于"太阳花"的观察

日记，从不同的角度细致刻画，把太阳花的特征写清楚，留下了饱满的真情；再动员家长把这些充满言语个性、感情真挚的日记打印出来，汇编成册，并分享至班级微信群。这样，老师、孩子、家长共同参与，交流分享，有效帮助学生养成细腻敏感捕捉生活中"镜头"的习惯，提升他们细致刻画事物的能力。

## 三、"童言"话真情——学会与人交流

课标提出"中年级能用简单的书信、便条交流""高年级学写常见应用文"，可见应用文在中高年级作文教学中的分量。可长期以来，我们的应用文教学总是为"写"而教，忽略了其"与人交流"的应用本质。为突出应用文的"应用性"，教学中，我把握生活契机，相机创设真实有趣的应用情境，把应用文读写与生活结合在一起。

在学校为四年级学生举办的"十岁成长礼"活动中，我把应用文读写教学渗透至活动开展的全过程，在准备阶段让学生给父母写一封信，回忆"爱"，表达"爱"；活动进行中写邀请函、活动方案、活动通知；活动后写通讯稿。在真实的应用情境中，带领四年级的学生进行多种应用文实践训练。他们投入生活，积极体验，感受到了应用文的"应用价值"，也感受到了作文的强大生命力。

除此之外，我给学生创造了很多应用文读写的机会，让学生进一步练习用应用文传递信息、处理事务、交流情感。如，给老师发微信请假；给家长写留言条；在黑板上写寻物启事找回物品；帮助学生与远方的同学开展书信往来……这样的应用文教学课堂，以生活联系，培养了学生用文字清楚、明白表达意思的应用文写作素养，更培养了学生与人交往的能力。

总之，只要我们以生为本，仔细研究生活的细节，寻找生活中有价值的训练点，合理规划，系统训练，学生就能表达真情，演绎富有生命体温的烂漫文字，走进飘散"童心"的曼妙作文殿堂。

# 浅谈生活化作文习作素材积累的有效途径

福建长汀师范附小　曹荣英

每到作文课，学生们"一看题目就挠头""摊开稿纸咬笔头""冥思苦想皱眉头"的画面便在我的眼前轮番上演。这可咋办？我苦苦思索。

都说生活是习作的源泉。要让学生"言之有物"，要让大家"有米下锅"，一定要另辟蹊径，把生活引入课堂，把作文引向生活。

## 一、留心细节，在平凡生活中发现乐趣

生活是习作的源泉，习作就是"我手写我心"。正如蒋军晶老师所言："没有一种生活是不值得写的，关键在于你是不是有发现的眼睛。"

为此，我常常引导学生做这样的游戏：晴天，观察天空变幻的云彩；雨天，静静倾听窗外的雨声；闲时，想象一片叶子的旅行；课上，我们交流彼此的见闻……渐渐地，孩子们放慢了脚步，开始留心身边平凡的生活。他们有的对路旁的美食垂涎欲滴——"刚走几步就来到了包子铺，热气腾腾的包子刚刚出炉，香味特别诱人，可我身上只有一元钱，我咽了一下口水，赶紧捂着鼻子走了过去。""走着，走着，我的肚子居然'咕咕'地叫了起来，路边的面包店、汉堡店、热狗店、小吃店不时飘出阵阵香气，我的口水忍不住就要掉出来了。可是我没带钱，这些都吃不上，所以，我只好把口水'吸'了回去。"有的留意了路旁被雨水冲刷后的树木——"走在回家的路上，我看到道路两旁一棵棵高大的树直直地挺立着，每棵树上都长出了细细的、嫩嫩的叶子。叶子碧绿碧绿的，在雨水的冲刷下，显得更有活力。"有的为选择回家的路线而绞尽脑汁——"我回家的路有三条，该走哪条呢？"有的穿着雨鞋玩兴大发——"我慢慢地走着，水波一圈一圈地向我涌来，我逆流而上，水流在我脚边打着转转儿。"有的还回忆起了有趣的往事——"水果的香味扑鼻而

来，我突然想起小时候的事。记得那时，姐姐最爱吃榴莲，而我最爱吃芒果。每次去水果店买水果，我们就说：'我们要买榴芒。'惹得大家哈哈大笑，现在想起来，我还会忍不住笑出声来。"

这充满童真童趣的表达，不正是孩子们留心生活的发现吗？处处留心，孩子们便会对周围的世界变得敏感起来，从而发现平凡生活的乐趣，习作素材自然就能信手拈来。

## 二、广泛阅读，阅读实践中丰富体验

阅读是习作内容的重要源泉，习作和阅读是密不可分、相辅相成的。广泛的阅读，有利于丰富学生的体验，积累习作的素材。因此，我注重引导学生在阅读中积累。一方面，充分利用教材，体味课文中的语言及蕴含的丰富情感，从课内阅读中积累。另一方面，开展丰富的课外阅读活动，让孩子们走进经典作品，在课外阅读中积累素材。我购买了一套亲近母语研究院编写的第五版《日有所诵》，带领孩子们每天坚持诵读；给孩子们配备了符合他们年龄特点的近三百本课外阅读书目，利用每周一节的阅读课和孩子们聊书、开展班级读书会；还带领孩子们参加了全国"百班千人"共读活动。孩子们通过广泛的阅读，开阔了视野，拓宽了思路。同时，让阅读与孩子的生活连接，用读书补充现实生活经验之不足，用生活丰富书籍里所未见，将直接的观察体验与间接的阅读所学，兼收并蓄在"材料仓库"里，这些丰富的素材都将成为孩子们文章里有益的血肉。

## 三、勤于动笔，在自然笔记中习得方法

俗话说，好记性不如烂笔头，有了细致的观察，丰富的积累，还得引导学生勤于动笔，学以致用。

自然笔记，就是用画笔把大自然中你感到好奇和美丽的东西画下来，并写出你看到它时的感悟。它记录的不仅仅是你看到的景象，更是你对周围自然界的反应和思考。

我让孩子们坚持观察，每周做一次自然笔记。为了把观察到的事物更准

确地描绘下来，孩子们显得格外专注，他们动用全身的感官，反复地观察，甚至还使用了测量的工具。在做自然笔记中，孩子们不仅学到了观察的方法，还积累了真实而丰富的习作素材。

在整理孩子们的自然笔记中，我发现孩子们记录的内容越来越丰富，不仅有花、有叶，还有可爱的小动物，甚至还留意了冰箱上放着的假花；观察越来越细致，不仅留意了花草的颜色、形状和气味，还了解了动物的外形和习性；语言越来越有趣，有了许多充满童真、富有诗意的表达。如陈雅娴觉得"用各种叶子做出来的香水一定很好闻"；马丽芸由那黄色的花想到了"小风车"，想到了"学校国旗上的小星星"；赖晨曦看着冰箱上的一束假花，脑海中满是回忆……前段时间让孩子们去寻找春天的足迹时，孩子们的观察就更细致了，内容自然就更具体了，同时还有了许多自己独特的感受。这正是因为孩子们走进自然，一天天、一次次专注地观察，有了真切的生活体验，所以他们的笔端才会有股股清泉在流淌。

## 四、乐于展示，在激励评价中点燃兴趣

德国教育学家第斯多惠说过："教学的艺术不在于传授本领，而在于激励、唤醒和鼓舞。"兴趣是学生习作的内驱力，是写好作文的前提。在习作讲评中，我充分展示学生佳作，尽量挖掘学生习作中的闪光点，并给予激励性的评价，激发学生习作的兴趣。同时让学生发现积累习作素材的重要性，并让他们彼此交流积累习作素材的方法和体会。比如，语文三年级下册第一单元习作主题是介绍家乡的景物，钟沅俊同学留心校园的景物，写了一篇《春到校园》的美文，其中对花坛中的野草描写得特别细腻："花坛中那一丛丛、一簇簇的野草长得青翠欲滴，一颗颗晶莹的露珠在阳光下闪闪发光，几朵白色的小花好像一颗颗小星星在绿叶丛中若隐若现，似乎是在跟我们捉迷藏呢！"准确的用词，形象的比喻，让人耳目一新。我在班上把这段文字美美地读了一遍，并让孩子们交流听后的感受，孩子们纷纷夸赞，并深切地体会到留心生活、细心观察，才能让习作焕发生命力。老师的激励、同伴们的夸赞，也让钟沅俊同学的自信心倍增，写作的热情也日益高涨。

《语文课程标准》指出："写作教学应贴近学生实际，让学生易于动笔，

乐于表达，应引导学生关注现实，热爱生活，表达真情实感。"要想让学生在习作中"有米下锅"，关键是引导学生走进生活，留心生活。这样，学生习作就不再是苦思冥想的编造，而是他们真实生活的写照，是他们心泉的自然流淌。久而久之，作文便将进入儿童的生活，成为他们生活的一部分，且是最愉快的一部分。

# 导课要有生活味儿

福建龙岩实验小学　陈晓芳

"转轴拨弦三两声，未成曲调先有情。"一节课上的好不好，导课很重要。导课是师生间建立感情的桥梁，它犹如乐曲中的"引子"，能起到立疑激趣、引人入境、振奋精神的作用。

## 一、"趣"味为先

所谓趣味性，就是课堂能让学生产生发现到某种稀罕之物的兴奋。语文教师应当成为有深厚的文化底蕴的有趣的老师，语文课堂才可以成为有趣的课堂。教师关注具体的教育教学情景，通过对情境的观察思考，发现自己和教育对象对具体境况的反应，反思得失，"遇物则诲，相机而教"。运用有趣的导课，吸引学生走进未知的课堂，寻求知识的宝藏，将学生的天赋、洞察力，以及多元的视野聚焦在他们对知识、对生命的挑战上，在课堂的后续学习中创造出一种全新的可能。

1. 声音是激趣的重要媒介。教师用语言进行直接描绘，或者用多媒体录音录像制造一个美妙情境，唤起学生的感情共鸣，使学生产生求知的急切感。如教学《伯牙绝弦》，课伊始，教师一边播放民乐古筝曲《高山流水》，一边动画展示"巍巍群山""清澈的水""清亮湍急的流水冲击高山""绿树成荫的森林"等画面。将美妙的音乐与生活画面结合，调动学生的生活积累，不但能够很快地渲染诗情画意的典雅气氛，而且能创设先声夺人的审美情境，引导学生感受"一切景语皆情语"。这种视觉与听觉协同感受的导课，激发了学生阅读的兴趣，让学生如临其境，既为新课的学习铺路，又在传统文化的传承中做了一点事——让学生在潜移默化中得到了传统民乐的熏陶和感染。

2. 故事是激趣的灵丹妙药。用学生熟悉的与课文有关的传说、寓言、典故、笑话等引出课题，也是导课激趣的好方法。例如教学《太阳》，用《后羿射日》的故事导入。学生听得入迷处教师顺势板书课题。学生在"后羿真能射下九个太阳吗？"的疑问中自然投入学习中去。教学《鞋匠的儿子》，教师讲林肯的故事，引发学生思考总统怎么与鞋匠有关，激发学生学习的兴趣。

故事导课，不但能将枯燥的知识传授变成有趣的知识探究，能沟通学生已有知识与未学知识的联系，使课内和课外紧密结合，激发学生探索的欲望，还能以情动人，增加趣味性，使师生之间的知识传递融入和谐的情感交流之中，收到"一石二鸟"之效。

3. 幽默是激趣的最佳选择。幽默，是指有趣或可笑而意味深长。诙谐的幽默会让你笑后明白许多道理。比如哈尔滨的杨修宝老师上《临死前的严监生》的导课。他一见学生就让学生解释他名字"杨"是什么意思，"修"是什么意思，"宝"是指谁。学生猜得五花八门后，杨修宝连起来一说："姓杨的专门修理宝贝，你看，我今天就专门来修理你们了。"学生乐得哈哈大笑。再比如冯臻老师，她介绍自己："两匹马开到秦国，自己就像套上了缰绳的马，将扬鞭直开到秦国呢！"我也边演边唱地介绍自己："实小有个老师叫晓芳，长得好看又善良，一双美丽的小眼睛，辫子粗又长。"这样的导课，老师幽默地调侃自己，让学生放松，学生对老师的教学也因此充满期待。

## 二、"理"味为据

导课应当有趣，但更应该合理。

1. 依目标有效导入。一节课的目标就是课前制订的"预期"，是教师希望通过教学"想要达到的境地或标准"。它是教学活动的中心，在课堂教学中主导教与学的方法与过程，也是教与学的出发点和归宿。龙岩实验小学的吴浈郡老师在教学《鱼游到了纸上》一课时，是这样导课的：

师："上课之前，吴老师请大家看一幅画，你们猜猜画中的生物它为什么长这样？"（画上展示一条没有尾巴的鱼）

学生自由答后，教师问："有一群小朋友，他们也看到了这幅图，你们想知道他们是怎么说的吗？"

学生争先恐后回答。一个小朋友说："哈哈，这是条糊涂鱼，你看，它把尾巴都弄丢了！"第二个小朋友说："这是鱼爷爷，它老得连尾巴都没有了。"第三个小朋友急忙纠正说："不对不对，它是鱼宝宝，还没长出尾巴呢！"这时，第四个小朋友大声说："这是会魔法的哆啦A梦鱼，它把自己的尾巴变没了！"还有一个小朋友说："这是一条超级聪明的鱼，我们经常说那些秃头的人'聪明绝顶'，我觉得这条鱼是聪明绝尾。"

师："太棒了！同样一幅画，不同的人，从不同的角度看，就会有不同的观点。一幅画、一件事、一句话，甚至一个词都可以从多角度去思考，去理解。"

吴老师非常巧妙地引导学生联系生活，猜测鱼没有尾巴的原因，潜移默化地引导学生学会从多角度理解同一事物，为教学"应当多角度理解同一个词"埋下伏笔。

2. 温旧故引出新知。苏霍姆林斯基说："在我看来，教给学生能借助已有知识去获取知识，这是最高的教学技巧所在。"新旧联系温故知新，既能巩固旧知克服遗忘，又能让学生自信百倍学习新知。如教学《山中访友》，教师的导课就可以从复习《桂林山水》的内容，将两课对比着开始教学，引导学生发现两课在写作的内容与形式上的异同，思考两课异曲同工之妙。这种导入，自然地将新旧知识衔接起来，使学生温故而知新，实现了以旧带新的过程。

3. 讲背景以情激情。优秀的作品，大都是在文本的残缺中成就完美的。这就决定了我们不能以现成的答案来规范作品的解读。所以在导课时应当恰到好处地结合学生的生活实际，为学生提供一些文本中没有传达出来的信息。比如上《詹天佑》《我的伯父鲁迅先生》《最后一头战象》等，教师除了引导学生查阅资料，还应当为学生介绍故事发生的背景。

比如教师在教学《最后一头战象》的导课：

师：同学们，1943年，日寇侵略我国的云南边陲，抗日战士奋起反击。有一群特殊的士兵，它们能够破城门，踏敌军，勇猛无敌，被称之为战象。战斗结束后，我方八十多头战象倒在了血泊中，人们在清理它们尸体的时候，惊喜地发现一头浑身是血的战象还活着，它就是最后一头战象。今天老师带领大家走进这头战象的内心世界。

战争，是学生生活中从来没有经历过的，因此，特别需要教师采用讲述背景的方式导入，为学生理解"文章中人物为什么会有这样的行为？""文章写战象的言行，到底想表达了人物什么特点？"等相关问题做铺垫。

### 三、"新"味为本

1. 设悬念引发期待。一石激起千层浪。疑是探索新知的导火索。教师要结合学生的年龄特点，有意提出疑问制造悬念，激发学生的求知愿望。比如王崧舟老师教学的《慈母情深》正是设好了悬念。

师：当"母亲"两个字映入你眼帘时，你眼前闪过怎样的画面？
生：母亲在劳作。
生：母亲带孩子玩耍，然后又去做饭、洗衣。
生：母亲晚上为我们缝衣服。
师：把你的想象带进去，再读课题。
……
师：我在"深"下加了个着重号，为什么？
生：用这个字更能体现母亲对子女的深情。
生：作者对母亲不是一般的感情，而是有很深的情。
师：当你关注课题中的这个"深"字，就是一种很好的语文意识。为什么用"深"字形容慈母的情，这个情到底"深"在哪里？今天我们就一起来学习这篇课文。

这种导课会让学生调动自己的生活积累，把文本的母亲与自己的母亲叠加，并围绕核心问题思考，产生巨大的求知欲望。

2. 承前后辨析异同。承前后串联导入，就是从学生的生活体验和已有的知识结构出发，结合新学的课文内容及其特点来导入新课。比如在学习朱自清先生的《匆匆》的时候结合已学过的《跟时间赛跑》这篇课文；学习《最后一头战象》《老人与海鸥》时，结合老舍的《猫》、丰子恺的《白鹅》思考：过去学过的文章与今天学的文章在主要内容和写作目的、创作角度上有什么共同点和不同点？简单的几句话不仅点明了前后两篇课文的风格，也提示了学生对新课的注意，让学生更好地投入新课学习中去。

崔峦先生说："'教学有法，教无定法。''无定法'指因文而宜，因生而宜，以学定教，顺学而导。"注意知识性、趣味性、启发性和灵活性的统一，为学生架设生活与学习之间的桥梁，从中寻找适合的导课，一定能让每一节课都成为学生的向往！

# 巧用绘本，降低三年级学生习作难度

福建龙岩实验小学　陈晓芳

三年级的习作训练，是由围绕一两个词写一两句话向围绕一个意思写片段的过渡。如何帮助学生过好作文的入门关？绘本图文并茂，简单易懂，以其独特的魅力深受学生的欢迎。教学中，教师巧妙合理地利用绘本作为习作训练的有效载体，不但能激发学生阅读的兴趣，还能有效地培养学生的习作意识，提高学生的习作兴趣和语言表达能力。

## 一、绘本阅读，给予"容"的积累

首先厘清两个概念：一是此次谈论的"绘本"阅读，仅限于文学类；二是所谈的积累也仅限于习作素材的积累。具体做法为：

1. 图文并茂，丰富各类积累。绘本对于初学习作的三年级学生来说，是学习积累情节、积累语言、积累情感、丰富画面的最佳读物。如绘本《彩虹色的花》，故事中人物的几次对话，可以让学生了解故事情节是怎样发展的。彩虹红、橙、黄、绿、蓝、紫的颜色，每一种颜色都有其特定的含义，红色是艳丽，橙色是温暖，黄色是成熟的秋天，绿色是希望，蓝色是清凉，紫色是忧郁……学生在阅读中积累了语言和情感。故事贴近孩子的生活：太阳、花、蚂蚁、蜥蜴、老鼠、小鸟和小刺猬都是孩子熟悉的事物。故事的情节简单而清楚，语言描述浅显易懂：一朵彩虹色的花，将自己的花瓣都用来帮助有困难的小动物，如蚂蚁、蜥蜴、老鼠、小鸟和小刺猬，最后，自己却被覆盖在白雪下面，可是，它的希望和梦想还在继续，当春天来到时，新的花朵又在阳光下绽放开来……孩子阅读后通常能产生继续阅读的兴趣，并产生猜测的兴趣，猜测接着可能会发生什么。比如：

过了几天，一个很舒服的晴天，好像又有谁走过。

"你好，我是彩虹色的花。你是谁呀？你为什么那么难过呢？"彩虹色的花问。

"我是蜥蜴，今天我要去参加宴会，可是没有合适的衣服。怎么办呢？"

"哦，也许我的哪一片花瓣会与你的绿色相配。你看呢？"

故事的语言浅显、具体、形象，句子单纯、短小、口语化，朗读起来明快、活泼，富有音乐感。学生乐于阅读，易于积累。

学生在阅读中潜移默化地感受到彩虹色的花无私奉献，舍己为人，不求回报的品质，孩子的心绪随着故事情节的发展积累了快乐、悲伤、惊喜的情感。孩子能体会到帮助别人是快乐的，当彩虹色的花枯萎时感到悲伤，当彩虹色的花重获新生时又收获惊喜。

大部分绘本图画富有视觉美，它通常能恰当地运用色彩特指，比如小白兔、红狐狸、绿草、金色的阳光等，使故事中的形象鲜明，绘画与文字配合默契，有一种互动的协调关系，展示的画面与学生的理解力和生活经验相适应。大部分绘本的绘画贴近儿童的世界，富有艺术性，即具有审美功能。绘画前后呼应，有连贯性和"说"故事的效果。最重要的是，绘本常常有一些异于常态、常理、常情的变化，使学生感觉到熟悉而奇特，新颖而有趣，有利于学生积累丰富的画面。

2. 从说到写，积累落到实处。大多数老师往往在习作课上才告诉学生要写什么作文。面对突如其来的习作任务，学生往往会手忙脚乱，晕头转向，要顺利完成习作任务，取得理想的习作效果是很困难的。所以，教师可以先整合语文三年级教材"语文园地"中的习作题目，整体把握年级习作目标，明确习作任务和习作要求，推荐一些适合的绘本让学生进行阅读，为习作准备材料。如了解"提示语的位置"单元，就可以指导学生阅读绘本《彩虹色的花》，让学生关注故事中人物的对话方式，这样学生在习作时就不至于手忙脚乱。比如：

"早安，你是谁？"太阳问。

花儿回答说："早安，我是彩虹色的花。冬天的时候，我一直待在泥土里，可我再也等不及了。现在终于见到你了，我多高兴呀！我想跟每个人分享我的快乐。"

再如：

这些日子，每天的阳光都很强烈。好像有谁从花儿的身边走过。

"你好，我是彩虹色的花。你是谁呀？你怎么呼哧呼哧地喘着气呢？"

"哦，你好。我是老鼠。最近天气又闷又热，弄得我晕乎乎的。要是有把扇子就好了。"

"噢，那用我的花瓣不正好吗？"

有的提示语在前，有的提示语在后，有的对话省略了提示语。教师有意识地引导学生阅读，能让学生积累一定的语言范式。

其次，把绘本阅读作为一项常规性的家庭作业来布置，培养学生边读、边画、边写的习惯，让学生画一画自己最喜欢的词语，带着自己的理解，把自己喜欢的词句归类摘抄在小本子上；或者要求每位学生读完绘本后，跟爸爸妈妈说一说自己喜欢的词语、句子或精彩片段；还可以利用每天课前三分钟时间让学生展示自己的读书成果。通过这些方式，逐渐让读一读、说一说、写一写成为学生的一种习惯。

如阅读《猜猜我有多爱你》，有意识地引导学生发现绘本中的好词语、好句子，让他们记录在小本子上，并适当做些拓展训练，选择合适词语和语句让学生及时积累，并鼓励学生平时写话用上这些词语和句子。

绘本，作为学生喜闻乐见的读物，能帮助学生学会从不同角度、不同位置观察社会，用不同的方法发现、搜集和整理积累习作素材。

## 二、绘本解读，理清"思"的问题

经过自我的阅读与教师带领下的梳理，"绘本阅读"进入理解阶段。教学内容主要有五项：

1. 理解：对作品的问题、主旨、观点的认知与判断。如阅读《彩虹色的花》，感受彩虹色的花乐于帮助别人和与别人分享快乐的品质；读《小猪变形记》，明白"做自己，最幸福"。

2. 分析：依托于对绘本语言要素与情节的分析，对"理解"作出合理的分解与辨析。如《彩虹色的花》中花瓣一片一片被送给他人，情节不断反复，是怎样反复的？反复中花发生了什么变化？《小猪变形记》中小猪一次一次变化，变化中有什么是不变的？是什么导致了变化？鼓励学生找出内在的因素。

3. 论证：为自己"理解"寻找相应的事实证据与因果逻辑。本着文本事实、情理与逻辑的一致性原则，作出自己的综合判断。如《小猪变形记》中小猪为什么会这么变？这么变合乎情理吗？引导学生寻找事实证据，学会逻辑推理。

4. 评估：对自己的理解、分析与论证进行必要的反思。比如，文本事实有无出入，人物理解是否正确，推测是否合乎逻辑，等等。

5. 解释：在理解、分析、论证和评估的基础上，给自己的"理解"作出较为完整而清晰的传达。这其实就是余文森教授的"读、思、达"的阅读过程。

如何利用绘本进行有效的思维训练呢？最有效的路径是阅读与写作，而最有效的办法就是提出问题，论证问题。面对看似简单的绘本故事，我们要引导学生尝试着提出各种问题，并借助作品中的信息来论证问题，然后做出判断。而后，当我们做出自己的判断之后，不妨问自己三个问题：

（1）有没有更好的说法？

（2）有没有可以替代的说法？

（3）需不需要限制条件？

经过反复的分析与论证，比较与权衡，我们做出的判断就会趋向合理与准确。在我们说服了自己之后，不要忘记了，每个人的能力都是有限的。为了防止思维的误区与盲区，不妨再尝试着去说服伙伴和老师，在对话中修正自己的错误与缺陷。

实践证明，很难像工业产品生产那样对三年级的孩子阅读绘本的结果提出要求，如读懂、理解、学会、运用，这是客观难题。但是，针对学生年龄特点，适当提高要求具体性和指标的硬度，也还是有不少空间的。因此，必须绞尽脑汁进行预设：设计有挑战的、有趣味的阅读任务，激发学生阅读兴趣，引导他们进行绘本的深度阅读。

比如，我们可以对《小猪变形记》这样设计：

1. 想象你就是那只小猪，根据"你"的经历和感受写一篇日记。

2. 创作一首诗歌或一个故事来表现书中的小猪、刺猬等人物之间的冲突或你理解的主题。比如在情节反复的基础上，续编故事，要求写清楚小猪怎样"大胆尝试却事与愿违"。

3. 根据小猪的想法或他产生变化的情节画一张画或思维导图，并作出相应的详细解释。

4. 展开大胆想象，想象你正在对某一人物——比如变形后的小猪进行采访，可以问书中有关的内容，也可以问其他问题。用自己的语气提问，然后用小猪的语气进行回答。

5. 为读这本书设计几个问题。包括2~5道判断题，3道多项选择题，2道简答题，1道习作题，并尝试制作一页完整的答案。

为了让我们"毋意，毋必，毋固，毋我"（意思是：不要臆测，不要武断，不要固执，不要自以为是），让我们的思维不出差错，我们必须把习作思维训练落实到细微处，这也是"学而不思则罔，思而不学则殆"的缘故。要让三年级的学生学会分析绘本故事情节的合理性，了解绘本主旨的多样性，明白表达的有趣性。

### 三、绘本模仿，提高"写"的质量

叶圣陶先生说："语文教材无非是个例子，凭这个例子要使学生能举一反三，练习阅读和作文的熟练技巧。"训练的过程是语文知识、表达技能与思维活动的统一。三年级的学生习作是一种综合性、创造性的，运用语文知识和表达技能的训练的起步阶段。在习作课上，教师利用绘本教习作，学生有内容可延伸，有范式可仿照，就可以通过口头仿述、即兴表述和片段的仿写练习，以达到训练写作能力的目的。

如阅读《彩虹色的花》进行习作教学，目标就可以设定为：

1. 借鉴范文，学习写好对话提示语的方法。

2. 仿写对话提示语，尝试使用多种形式的提示语，掌握引号、冒号等标点的使用方法，尝试在提示语中加上神态、动作、心理等的描写。

3. 认真看图，展开想象，给对话加上恰当的提示语。

4. 在老师的指导下，学习修改和评价自己加的提示语。

毫无疑问，本节课的教学重难点为：尝试使用多种形式的提示语，并在提示语中加上神态、动作、心理等的描写。

下面为教学片段：

师：刚才我只是给彩虹色的花说的话加上提示语，现在我要给整组对话加上提示语。

过了几天好像有谁从花儿的身边走过。

"早安，我是彩虹色的花。你是谁呀？"彩虹色的花挥挥手，笑眯眯地问。

"我是蚂蚁。"蚂蚁垂头丧气地走过来，愁眉苦脸地说，"我现在要去奶奶家。可是，雪融化了，原野中间有一个很大的水洼。我怎么才能过去呢？"

花儿想：这可真是大难题。她想了一会儿，眼睛一亮，高兴地说："是这样啊，那你爬上来，摘一片花瓣试试看，说不定能用得上呢。"

师：同学们先自己读读上面这段对话，再和同桌一起表演读读这段对话。

师：采访你一下，你为什么这样读呀？（挥手、微笑、着急等）

生：因为提示语上这样写呀！

师：对比这两段话，你们喜欢哪一段，为什么呀？

生：喜欢有提示语的这段，因为老师写了人物说话时的神态、动作，还有心理，更加生动具体。

师：接下来请同学们为彩虹色的花的另一段对话加一句提示语。

……

"工欲善其事，必先利其器。"学生在写作时有话可说，有事可写，有情可抒，文思泉涌，当然妙笔生花。

学生能力在阅读中精进，思维在阅读中激发，素养在阅读中形成，习作能力在阅读运用中落实！而运用绘本教习作，是"把教育从鸟笼里解放出来"的好办法；是站在学生的角度，为学生寻找适合的训练素材，积极营造自由、开放、和谐的习作教学氛围，走出高耗低效的困境，树立大作文教学观的好办法；更是努力摆脱"课"的限制和"教"的束缚，灵活巧妙地把习作指导延伸到课前和课后，引导学生轻松获取习作素材，提高习作水平，为高年级习作奠定良好的基础的好办法。

# 细节描写，在点滴生活中生长

福建龙岩实验小学　陈晓芳

所谓的细节描写是指文学作品中对人物动作、语言、神态、心理、外貌以及自然景观、场面气氛等细小环节或情节的描写。古往今来，许多生活细节成了经典。"爷娘妻子走相送""牵衣顿足拦道哭"的场景，是杜甫观察到的武皇开边征调百姓的情景；"执手相看泪眼，竟无语凝噎"是柳永用心感受到的与心爱之人依依惜别的情形；祥林嫂手中的空碗，开裂的竹竿，木刻似的脸，间或一轮的眼珠，是鲁迅由生活细节想象到的人物的悲戚；父亲的背影是朱自清习作的灵魂，母亲直起又弯下的腰是梁晓声一咏三叹的旋律……这些生活细节，因作者生动传神的刻画，成为文学园地里一颗颗熠熠闪光的珍珠。

"写作要感情真挚，力求表达自己对自然、社会、人生的独特感受和真切体验。""多角度观察生活，发现生活的丰富多彩，捕捉事物的特征，力求有创意的表达。"要达到《课程标准》"真挚、真切、创意表达"的要求，教师必须引导学生热爱生活，关注生活细节，乐于表达，提高学生的细节描写的能力，让学生表达出属于自己的真情实感，从而摆脱作文内容空洞，矫揉造作的缺陷。

## 一、细节描写，在观察生活中"积累"

细节描写所需要的素材，是需要积累的。学生若能把自己看到的、听到的、想到的内容，或亲身经历的有意义、有意思的内容及时笔录手记，储存起来，就能加强记忆，同遗忘做斗争，习作时就能随机检索出相应的素材。

陶行知先生认为"生活即教育"，意即习作教学应当使学生合理的生活需求得到满足。只有学生对生活的观察和思考有内在的动力，学生"自觉需求"

的层次和质量就会逐步提高。

1. 生活细节是很有趣的

要善于引导学生观察生活细节，激发学生对自己的生活细节感兴趣。

我们每时每刻不在生活吗？教师应当引导学生善于发现，关注自己平淡无奇的生活中有趣的细节：今天的早餐比昨天的咸，我喝一口就不想喝了；今天的汤烫到我的舌头起泡了，我龇牙咧嘴了老半天；今天数学老师占了电脑课，很多同学在低声抗议；我被老师叫到办公室补作业，听别班的老师聊学生趣事入了神，被语文老师瞪了老半天，后背直冒冷汗；今天轮到我播报新闻，我紧张得声音发抖，小张朝我比了个胜利手势，我顿时放松了；今天放学经过垃圾池，看见一只老鼠在挣扎，尾巴一动一动的，好像很痛苦；昨天下雨了，花圃边上有条小蚯蚓断成了两截……这些，都是孩子们的生活，很平常，又很有趣，这样的事情就是细节描写的素材啊！

2. 记录细节是很有必要的

"好记性不如烂笔头！"积累素材最好的方法就是每日记事。教师应当指导学生专门准备一个本子，用百字作文的形式记录，也可以用几句话概括。学生每天记录当天所见所闻，特别是自己印象最深的细节。一句话，一个眼神，一个动作，一点想法，都被真实地记在记事本上，有空的时候，他们翻一翻，找一找，画面将一一再现，就不用愁写作文时没有素材可写了。记录可分为两种：一种为随手记录，将一天中的问题、真实想法等随时记录下来，是原始资料；另一种就是学习记录。学习记录应当注意以下两点：（1）记录一件事。事情的起因、经过、结果都记，但最有趣的记详细些；（2）记录几件事。每日无论再忙、再累，一定要挤出时间来记，可以按时间、类别或其他进行详细有条理的记录。

## 二、细节描写，在指导生活习作中"复活"

思维是人脑的一种机能，是人脑对客观事物的特征和规律的一种间接的、概括的反应过程。如果说细节的观察、记录是写作材料的积累，是写作的起点，那么思维则是写作的关键。细节材料为写作提供了生动丰富的感性材料，但材料还不是文章。只有具备敏锐的观察力和感受力，并且将他们表达出来，才能够完成一篇好的文章,那么思维就是能达到目标的桥梁。

习作思维可以训练吗?曹文轩老师认为"文章与世界上的任何一门科学、任何一门技艺一样,都是可教的"。作为语文老师,我亦认为习作是可以教的,关键要看教什么,怎么教。以人物的心理活动描写为例,就可以进行训练。

1. 教学生用比喻、夸张的手法写心理。我在周报赏评时出示郑郭天麒写的"我的同桌张洢真是太霸道了!她有个坏习惯——把'三八线'搞得像朝韩边境的铁丝网,只要我不小心过了界,就会被捏、被抓、被捅或者被拍。我每节课都战战兢兢,生怕踩到她装的地雷"一句,表扬他把"三八线"比作"朝韩边境的铁丝网",把"碰到三八线"比作"踩地雷",很有时代感,很形象,有意识地引导学生尝试运用类似的写法写人物的心理活动。

2. 学会通过想象写心理。如指导学生修改廖佳磊的"落叶铺成了地毯,上面偶尔能看见小花,你若好奇地踩上去,就会被落叶清脆的'咔嚓'声给吓得跳回去"。我引导学生集思广益,展开想象,体会自己的愉悦心情,把原文改成了"落叶铺成了金地毯,上面偶尔能看见小花伪装的洁白的'天鹅绒',你若好奇地踩上去,就会被落叶清脆的'咔嚓'声给吓得跳回去,仿佛王子和公主的马车恰巧经过,一片云彩掉了下来,载着云彩国度的人们降落"。修改后加上了想象:小花是天鹅绒,踩落叶的清脆的声音是王子和公主的马车轧过路面的声音。这样的修改,让学生自然理解了通过想象写心理的写法!

3. 教学生用拟人的写法写心理。我还引导学生用拟人的写法把文章修改得诗情画意:"来到水流的尽头池塘,池塘上的帆船依旧'停泊'在那儿,池边的垂柳对着池面梳洗打扮,好像要去参加灰姑娘的婚礼似的。小蝌蚪成群结队地出动游玩啦!站在池边,我看见心愿花船正惬意地躺在水面上晒着'日光浴',这让我想起了《纸船——寄母亲》中的诗句:'我仍是不灰心地每天叠着,总希望有一只能流到我要它到的地方去'。"

垂柳是爱美的姑娘,小蝌蚪是贪玩的孩子,心愿花船在晒"日光浴",由飘动的花船又想到了冰心奶奶的诗句,多美呀!用这样的写法体现自己的心情,也很美。

4. 教学生通过景物描写来烘托自己的心情。如赏析马楠的《春天里的花》,我建议同学们联系上下文,想象自己当时会有怎样的心情,来描写看到的景。于是大家一致决定着重写芒果花来表达自己的心情:"我们再去看看'小巧玲珑'的芒果花吧!她长得真像桂花,小小的,香香的,让人们能在花香中舒缓情绪,放松心情。远远地望着芒果树,棕的、白的、绿的、黄的,真漂亮!走近芒果树,你就能发现,除了芒果花身上有点黄黄的,其他地方真的真的都非常像桂花!风轻轻地吹过,芒果花像下雨一般,飘飘悠悠地从树上落在了地上。"小作者通过美景表达自己愉悦的心情!——"在这样百花齐放、百花争艳的春天里,谁的心情不愉快呢?"描写的景物中,也突出表现了自己愉悦的心情。再如邱梦琳的《晚霞》,她是从每日记事中选择素材进行写作的。记事文中,她写得很简单,我批阅:"好美的晚霞,写成长文投稿好吗?"于是有了"天边那一个个美丽的仙女挥舞着红绸,浅红,梅红,深红,红得难以形容,恐怕只有画家才可以描绘出如此瑰丽的色彩来呢!""瞧,天边的那朵云,多像一条漂亮的小美人鱼啊。它的身后,则跟着一条硕大的头上吊着小灯的'安康鱼'。只见它眼呈桃色,肥硕的身躯一扭一扭的,屁颠屁颠地跟着小美人鱼。哎哟喂!看看,口水都流成河了。"教学生用优美的景物描写烘托他们愉快的心情,就是一种思维的训练。而优美的自然景观,在体现小作者思维的痕迹中呈现、复活。

## 三、细节描写,在再现生活情境中"生长"

学生有了丰富的习作素材,掌握了一定的习作技巧,细节描写就能再现精彩的生活,甚至比生活还美。但是,细节描写在文章中不是越多越好,要能抓住典型细节,选择具有代表性、概括性、能反映主要内容的事,这样才更具有广泛性,更能给人留下深刻的印象。

事件一:温暖

今天早晨,因为我是值日班长,我早早来到了学校。还没到实小呢,天上便下起了蒙蒙细雨。终于到学校了,我下车时,一个没站稳,差点摔下去,这时,一只温暖的大手扶住了我,是老师!到了校门口,望着老师远去的背影,想起军训时,我生病了,吃不下饭,晓芳老师喂我吃蛋糕的情景,一股暖流涌上心田。

事件二：当老师不在的时候

下午第二节课时，老师布置我们计时训练考场作文，老师到办公室拿作业。她刚出去，教室里便炸开了锅。"这个字怎么写啊？""你喜爱的话是什么啊？""你写了几面啊？"漫天飞舞的闲言碎语，像关在笼子里的兔子一样，在教室乱撞。"董助教"则在教室窗台前散步，当"侦察兵"。"哒哒"的高跟鞋声由远而近，"董助教"以迅雷不及掩耳之势回到座位上，同学们也立即坐得端端正正。哎呀呀，我们班的这群小朋友，什么时候才能学会自律啊？

事件三：喷鞋

"哇！你看，小孩啊！"做操时，大家的注意力被操场左前方的一个小不点儿吸引住了。他穿着开裆裤，"咿咿呀呀"地爬上了自家的窗户，目不转睛地盯着我们做操呢！看着看着，他的手也跟着我们一起动了起来。同学们乐得哈哈大笑。小不点儿见我们笑得欢，双手用力摇防盗网，恨不得把防盗网拆了。只听"扑通"一声，他的鞋子像陨石一样朝我们砸了下来，胖乎乎的小脚丫露出来了。"叮叮当当"，小不点儿更开心了，他用稚嫩的小手不断拍打着防盗网，仿佛在跟我们打招呼。这时，小不点儿的妈妈——"大不点儿"赶来了，把这位爬窗户的"小蜘蛛侠"给揪了回去。"大不点儿"看了看掉在校园里的鞋子，摇摇头，无奈地走下来捡鞋。我暗暗偷笑："小蜘蛛啊小蜘蛛，人家蜘蛛侠喷的是蛛丝，你呢，'喷'的是童鞋。"

关注细节才能抒写真情。细节描写是刻画人物性格，揭示人物内心世界，表现人物细微复杂感情，点化人物关系，暗示人物身份、处境等最重要的方法。它是最生动、最有表现力的手法。生活的美往往蕴含在平凡的小事之中。孩子们写的，都是生活中极普通、极细微的细节；是他们看到的，听到的，想到的，触摸到的有意义或有意思的内容；是偶然观察到的，具有偶发性和一闪而过的特点。这些怎么入了他们的眼？我们为什么能欣赏到学生呈现出的精彩文字？是因为学生拥有了细致的观察，和观察中的思考，有对生活的真切体验，就会拥有取之不尽用之不竭的素材，就会生长出真实、真切、新颖的表达。

# 找准训练点，有效进行读写结合

福建长汀师范附小　曹荣英

《义务教育语文课程标准（2011年版）》指出："语文课程是一门学习语言文字运用的综合性、实践性的课程。"可见，在语文教学中落实"语用"是非常重要的。那么在阅读教学中如何找准读写训练点，开展课堂练笔，做到读写结合呢？

## 一、把握学段目标

把握各个学段的"阅读"和"写作"目标，融会贯通，是找准读写训练点的理论依据。如第二学段的习作目标是体验感悟，自由表达，侧重有特点的段式训练。因此中年级的读写训练点要以此为导向。如在语文三年级下册《翠鸟》第一自然段教学时，我们可在学生读懂课文，了解翠鸟外形的基础上，引导学生学习作者抓住特点，并按一定顺序描写的方法进行片段训练。如可出示小白兔、小乌龟等图片，让学生按一定的顺序，抓住特点进行观察，并围绕"它长得真可爱呀！"这句话把小动物的外形写具体。这样的训练符合年级特点，贴近学生的生活，因此扎实、有效。

## 二、立足单元训练

读写训练点的确立还应结合单元习作要求，把单元习作训练点作为阅读教学的读写结合点，甚至还可以把单元习作训练点分散在本单元的阅读教学中，通过分项训练，提高学生习作的能力。

如：语文三年级下册第一单元安排有四篇课文《燕子》《古诗两首》《荷花》《珍珠泉》。本单元的口语交际及习作要求是：选择家乡的一处风景进行介绍，讲清这处风景在什么地方，有哪些特点，表达出对家乡的热爱之情。本组课文是本单元习作的范例。在阅读教学中，我便结合单元习作训练点，进行读写训练，引导他们经历了一个观察体验的过程。

在教学《荷花》时，重点引导学生学习叶圣陶先生抓住荷花的特点细致观察的方法，并感受叶圣陶先生丰富的想象力，体会其在表情达意方面的巧妙——运用拟人、比喻的方法来表达自己的喜爱之情。结合文本，我布置学生观察春天校园有代表性的一处景物，并填写观察表，记录自己的观察所得。在教学《珍珠泉》时，我引导学生交流观察中的发现，说出春天校园的特点。在习作课上，让学生把校园春色写下来。

这样，就将一次习作设计成了"观察记录——筛选素材——下笔成文"的亲身体验过程，有了亲身体验，学生下笔时有话可说，有内容可写，有情可抒，习作训练就水到渠成了。由此可见，单元习作教学的目标不是仅仅在习作课上进行落实，还要巧妙地与单元阅读教学进行整合。

### 三、挖掘文本秘妙

叶圣陶先生提出："教材无非是个例子。要凭借优美生动的教材，让学生感受语言的精美，学习如何运用语言。"因此在教学过程中，教师要充分挖掘教材在表达上的特点，引导学生进行仿写，学习作者运用语言的方法。只有这样，才能让"学习语言文字运用"这一理念落到实处。

1. 关注言语形式

阅读教学要做到内容与形式并重，在理解感悟的基础上关注语言表达的形式，学习语言表达的方法。所谓"得意不忘言""言意两兼得"。

如《花钟》第一自然段，同样是写花开，作者却用了九种不同的写法。为了让学生感受语言表达的特点，我先让学生找出描写花开的句子，看看有什么发现。孩子们在思考中发现，因为花开的时间、花的颜色、形状、花期的长短不同，所以作者才有了"从梦中醒来""舒展开自己的花瓣""含笑一现"等富有情趣的表达。接着，我在屏幕出示各种花的图片，让学生仿照文中的语言，说说自己喜欢的花是怎样开放的。孩子们兴趣盎然，很投入地练习起来。我惊奇地发现，孩子们燃起了智慧的火花，学会了运用拟人这一富有情趣的表达方式。如"迎春花在春天吹起了金黄的小喇叭。""夏天,荷花绽开了粉红的笑脸。""菊花烫了金秋最时尚的发型。""玫瑰像犯了错的孩子,羞红了脸,低着头。"……学生在学习、领悟、实践语言表达的过程中,更深刻地感受到了这种言语形式的魅力。

2. 聚焦精妙语言

教材中所选的课文文质兼美,具有一定的代表性、典范性。在阅读教学中,应对课文中的重点词、句进行精心品味,这种品味不仅要让学生读通读透,更应指导学生在读的基础上,悟出写法,领会意图,进而学会运用。

如在教学《荷花》一文时,我觉得"白荷花在这些大圆盘之间冒出来"这句话的"冒出来"用词十分准确,于是,我就引导学生通过词语替换,体会"冒出来"一词的巧妙之处。我是这样设计的:"冒出来"是什么意思?可以换其他词吗?为什么作者不用"生出来""长出来""钻出来"而用"冒出来"?孩子们通过"冒出来"一词感受到荷花生长迅速,生命力强,同时在言语实践中,体会到作者遣词造句的精妙之处。

3. 填补文本空白

文章处处是精彩,空白也无处不在。这些文本空白使文章意蕴深刻,令人回味,是训练学生思维,培养学生表达的沃土。

语文四年级下册《乡下人家》一课教学中,因为大多数孩子没有农村生活经历,所以在品读"院里鸡觅食"这个画面时,我巧用留白,引导学生想象母鸡带领小鸡觅食的情景,感受乡下人家鸡群和谐、幸福的生活。

我结合板画,创设了两个情境引导学生想象:一是如果母鸡找到了一条美味的虫子,它会怎么做呢?二是如果两只小鸡在争抢一条蚯蚓,那母鸡又会怎么办呢?孩子们在老师的引领下,燃起了思维的火花,展开了丰富的想象。在孩子们的脑海中,一只充满慈爱的母鸡形象顿时鲜活起来,这样既加深了学生对课文内容的理解,开启了孩子们想象的大门,又关注了学生的语言表达。这样充满想象,飞舞着智慧的课堂让孩子们流连。

总之,读写结合是提高学生习作能力的有效途径,在阅读教学中,我们要充分利用好教材,找准读写训练点,适时地让孩子们学着文本的语言表达方式,进行仿写、补白等训练。让"文"与"意"如"春风细雨",在"梳柳"的同时让"花儿"得以滋润。

# 核心素养导向下的生活化作文策略初探

福建长汀师范附小　曾三娣

写作是运用语言文字进行表达和交流的重要方式，是学生语文素养的集中体现。针对当前小学生"难写""怕写"的作文教学现状，我们的作文教学不仅要教给学生基本的写作技能，还要引导他们走进生活，寻找作文的"可炊之米"，把"生活素材"与"写作能力"有机结合，进而培养表达能力，提升语文素养。

## 一、巧用文本学表达

教材无非是个例子。教师应该认真研读教材，挖掘教材中的习作素材，充分引导学生运用自己的阅读积累与文本内容、文本形式对话，与文本的表达方法、写作思路对话，在对话中习得写作方法，积累习作素材，然后借鉴和迁移到自己的习作中，进行文本的再创作。如学习课文《打电话》一文，笔者引导学生认真品读课文，熟悉课文内容，感悟了相声独具特色的魅力之后，将学生四人分为一小组，再次回到文本找寻、发现相声的语言特点、表达形式以及它能吸引读者的因素。然后让学生根据自己的学习所得，结合生活积累和社会现象，尝试着学习写一写相声。学生对此兴趣浓厚，并创作出了如《哥俩好》《玩手机》《老师与学生》等有趣的相声。

可以说文本中每一篇课文里，都潜藏着写作的秘密：或是一组语言严谨、对仗工整的句子；或是一些生动形象的修辞；可能是一些层次清楚的构段技巧，抑或是一些精妙的谋篇布局的方式……这是引导学生积累习作方法和素材的重要阵地。教师应以本为本，引导学生揣摩课文中的写作方法，积累素材，提高学生的习作表达技巧。

## 二、广泛阅读善积累

《语文课程标准》要求"尝试在习作中运用自己平时积累的语言材料,特别是有新鲜感的词句"。没有积累,就很难提高学生的习作水平。

笔者要求学生开展每天一小时的课外阅读活动。同时,要求每个学生准备一本"积累本",把在书中看到的好词佳句摘录在"积累本"上。每节语文课的前五分钟全班同学轮流上台把自己阅读摘抄的好词佳句推荐给同学,并对自己摘录的句子做简单的评析。几个学期下来,学生的"积累本"已写了好几本,满满地记载着许多鲜活的习作材料。于是,学生在习作中巧妙借鉴、运用自己所积累的好词佳句,习作就会常常给读者带来惊喜。比如"她朗读的声音时高时低,时快时慢,时轻时重,一个个汉字成了最可爱的小生灵,把我们带入了那'清鲜''明朗'的境界"。(戴雨欢《我的同学》)再如"清晨的露水,滴滴洒落在枝叶的身上;璀璨的金轮,赐予枝叶们多姿多彩的衣泽"。(刘泓妤《迎着阳光的小路》)这些精彩的语句,都是学生借鉴和模仿积累的片段之后的再创造。所以,阅读课外书籍,摘录读书笔记,是拓展习作的积累空间,提高学生表达能力的重要基础。

## 三、体验游戏勤练笔

叶圣陶先生说:"生活犹如源泉,文章犹如溪水,源泉丰盛而不枯竭,溪水自然活泼流个不停。"其实,小学生的生活绝不至于单调枯燥,大到生活的社会团体,小到班级群体,身边的许多事情都可以作为写作的内容。所以,学习中要引导学生用眼用心去体验游戏,用笔用纸记录游戏,玩中体验,体验中练笔,让游戏生活成为写作源源不绝之素材。

例如在指导学生写《一堂有趣的课》时,笔者特意在班上组织了一次有趣的"挤眉弄眼吃饼干"游戏,为了增加游戏的趣味性,我特意选择了班级里长相比较可爱、滑稽又喜欢表演的两位孩子进行比赛。比赛之前,先引导学生讨论:等会儿他们比赛时,作为观众应该从哪些方面去观察参赛者?又要怎样观察观众的反应?之后就请大家畅所欲言,说说自己刚才的观察结果。

接着，又放手让学生们主动参与：自己找对手，自由组合进行"挤眉弄眼吃饼干"比赛，让学生身临其境、亲身实践。活动结束后，相机引导学生从不同角度说说自己参与这次活动的感受。最后，我让学生把这次有趣的活动写下来。学生亲自参与各式各样的活动过程，玩中学，玩得痛快；学中玩，学得有趣。学生体验了活动的快乐，有了切身的感受，这就为习作积累了很好的素材，作文就能真实、具体，写作的兴趣自然而然有了。

## 四、留心生活学观察

"留心周围事物，乐于书面表达""注意表现自己觉得新奇有趣的或印象最深、最受感动的内容"是《语文课程标准》关于习作表达方面的要求。可以说，观察生活也是提高写作能力的有效方法。

为了让学生写生活、乐表达，笔者有意识地为学生搭建观察的平台，引领学生观察，积累素材。为了写好以"植物"为主题的习作，笔者特意在班级花圃里种植了两株五角星花，请学生轮流护理，观察它们发芽、成长、开花、结果的过程，并做好记录。引导学生回忆自己种植的过程和观察所得，然后让他们不限文体，自拟题目写一篇作文。有了平时的观察、积累，学生写得流畅，写得具体。有学生在习作中写道："五角星花，是像五角星一样的形状，还是像天上的星星一样璀璨、闪亮呢？在见到它的庐山真面目之前，我一直在猜测这位花仙子的'容颜'。经过几十天的耐心观察等待，我终于一睹了它的芳容：果然是五角星的形状！你瞧，那娇媚的容颜，婀娜的身姿，还有那柔美而鲜艳的红色，无一不让我惊叹连连，简直比咱班上的女生还美，如果要评'班花'，那肯定是非它莫属。用眼观察，用心体会，你会发现生活中的许多真善美！"给学生创造观察的平台，引导学生细心观察，不仅培养了学生的观察能力、记录生活的习惯以及热爱生活的情操，更为学生累积了丰厚的习作素材，有效地提高了习作水平，可谓一举多得。

总之，核心素养导向下的小学作文教学，既要立足于生活，也要遵循"学习表达"的原则，要让学生爱上写作，乐于写作，学会写作。

# 走进生活神奇的天地，求得作文能力的提高

福建泉州台商投资区惠南实验小学　郭梅玲

美国教学界有句名言："语文学习的外延和生活的外延相等。"这就是说哪里有生活，哪里就有语文。从生活实际中学习语言才是活的语言。

人生的感悟往往来自于个人的生活经历，用心感受生活，从生活的体验中提炼个人的感受，才能有作文的源头活水。学生的作文言之无物，脱离实际，其原因在于不重视积累生活中的每一事、人、物、景的写作素材。假如在写作过程中能用一根思想的红线穿起那些生活中散乱的"珍珠"，这样，学生的作文就能增添几分明快，几分意味。因此，应该使学生明白：作文绝不是脱离生活实际的技术训练，而应当是现代社会人所应必备的一种生活能力。所以它不是一种外在要求，而必须应生活之需，切生活之用，为真情而写作，为交际而写作，为实用而写作。

要想写好作文，首先要学生做生活中的主人，关心身边的人和事，注意周围的一草一木。其次要引导学生参加社会实践活动，在生活大课堂中锻炼自己。只有从生活中积累素材，增强生活能力，学生才能提高写作水平。

## 一、观察周围事物，开拓生活源泉

"生活中到处都有美的事物存在，关键是你要有一双发现美的眼睛。"生活在农村的小学生有得天独厚的条件，他们可以尽情领略大自然的风采，可以感受劳动人民淳朴而宽阔的胸怀。我们要逐步培养学生对周围事物敏锐的感知力和审美情感。比如春天到公园里和田野观察，领略那"蜂蝶飞舞闹春意"和"万紫千红总是春"的自然风光。这样，既开拓了学生视野，又能让学生在轻松、活泼的气氛中接受信息，表达对事物的感想，从而提高写作能力。

教师要引导学生留心观察周围事物，多方位开拓生活源泉，就不愁无料可写。作家老舍说："刮一阵风你记下来，下一阵雨你记下来，因为不知道哪一天，你的作品需要描写一阵风或一阵雨，你如果没有积累，作品就写不丰富了。"因此，我们要引领学生深入生活，善于捕捉生活中最美好的镜头。比如：引领学生投身到大自然的怀抱，去体会大自然的广阔无垠、五彩斑斓，去体会那潺潺流水，那丰收田野；我们可以带领学生去觅春，去郊游野炊，去欣赏形状各异、颜色变化多端的花木，去沐浴毛毛细雨，去品赏严冬飘落的雪花……大自然赐给人们的美景太多了，还愁没料可写吗？

## 二、让学生走出课堂，捕捉写作素材

叶圣陶先生说："小学生练习作文之要求，唯在理真情切而达意。"要让学生作文表达真情实意，必须亲身体会。教师应引导学生多走出课堂，到大自然中，到大千世界去体验社会生活。"问渠那得清如许，为有源头活水来。"这"活水"所指的难道不是丰富的社会生活吗？

新课程改革倡导还学生一片亮丽的天空，就是要让学生观察生活，遇事多思考，遇境多感悟，只有这样，才能写出好的文章。

比如在要求学生抓住校园内的事物，写出它们的特点，并要注意写出静态和动态时，由于学生对自己的校园既有整体认识，又有具体形象，所以很多同学都写出了较好的作文。如班上一位同学写的《校园晨曲》："我们从建造的壮观校门走进那林荫校道，看到了校道两旁那郁郁葱葱的柏树，高大的柏树像威武的卫士，每天早晨那么恭敬地迎接同学们上学。我们还看见花圃内那争奇斗艳、色彩缤纷的花儿。""早晨，阳光明媚，花草树木迎风摇动。""课外活动时，同学们朗朗书声，欢歌笑语，恰似组成一曲优美的校园合唱曲。"这些浸润着生活滋味的作文令人舒畅，能产生一种身临其境的感受。

## 三、教师"事必躬亲"，留意周围生活

生活是广阔的海洋，它千变万化丰富多彩。教师要"事必躬亲"，从丰富多彩的社会生活中汲取营养和积累素材，多写"下水文"。

教师注重写作实践，经常"下水"，能起到很好的写作示范作用。比如，在描写家乡景物的习作中，我写了一篇《我爱我家的龙眼》作为范文，按照"总—分"的结构写出了龙眼果子的形状、颜色、滋味，使人一看就垂涎欲滴。写好后，打印出来，让学生细细阅读，品赏，感悟其写作特点。接着，出示实物，指导学生观察那一串龙眼果，结合教师的"下水文"，引导学生从龙眼的颜色、形状上边观察边议论，抓住特点，细细描写。教师相机提供一些词语，让学生把话说得具体、生动。

作前"下水"之后，我深有体会：学生"必须如蜜蜂一样，采用许多花，才能酿出蜜来，倘若叮在一处，所得就非常有限，枯燥了"。由此可见，要拓宽学生的生活空间，为酿造"蜜"做好准备。

### 四、实践中的启示

叶圣陶先生说过："作文的自然顺序应该是我认识事物，心中有感，感情的波澜冲击着我，有说话的愿望，便想倾吐，于是文章就诞生了。"这说明创造的冲动来源对生活的热情。要让学生写出声情并茂的作文，首先要领着这群天真烂漫的孩子们走进生活神奇的天地。大自然、社会、家庭，那就是他们写作的大课堂。如果囿于课堂闭门写作，就不会有"春风又绿江南岸""红杏墙头春意闹"的妙语佳言。由此可见，必须培养学生热爱生活，热爱大自然的美好情怀；培养他们以一种积极的、热情的、敏锐的眼光去观察周围事物，从大千世界里寻找写作素材，寻找生活的源泉，感受生活的乐趣，从而产生写作的愿望和写作的热情。这样，文章自然就情真意切了。引领学生走进生活神奇的天地，学生有了生活阅历，有了精彩的写作素材，就会思如泉涌，提笔有神，写出鲜花吐芳、富有灵气的作文。

# 贴近生活，窥视童真

福建莆田城厢区华亭第二中心小学　杨雪娟

作文教学中我们经常会看到这种现象：学生怕写作文，都认为作文太难写，没有灵感，找不到素材，绞尽脑汁也不知道该写什么。老师也为学生那空洞的作文而费心劳神，为那"一编二凑三造假"的现象感到头疼。如何改变作文难这一现状呢？

## 一、结合教材仿写，诱导练笔生辉

课文是学生一天当中接触最多的文本，而且现在语文教材里编写的课文内容很多都和学生的生活密切相连，并且教材中的语言训练点、写作方法有很多可取之处。

因此，在课堂教学中，教师要紧密结合课文阅读，在阅读中教给学生写作方法。仿写借鉴无疑是一种很好的写作技巧，它可以是多方面的，多层次的：可以是词语的仿写，如 AABB 式、ABAC 式、神态词语等；可以是句子的仿写，如比喻句、拟人句、夸张句、排比句等；可以是语段的仿写，如表达方法的运用；可以是全文的仿写，如仿照课文的结构方式，写作的顺序……如此的仿写不仅提高了学生的语言运用能力，也提高了学生的写作水平。

## 二、组织活动练写，激发练笔兴趣

生活是海洋，并不缺少素材，缺少的是发现的眼睛，我们要鼓励学生，在生活中去感受、寻找、积累作文材料。因此，在教学中，我有意识地引导学生在生活中带着问题去发现，去活动，做到心中有数，为自己的写作积累丰富的素材。

比如，在教学《找春天》一课时，我让学生根据文中的描写仔细品读语句后，再出示与课文不同的画面。在动听的声音及生动的动画引导下，学生仿佛置身于大自然的怀抱中，表现出了从未有过的积极性，开心地欢呼雀跃着。看到这一情景，我不禁想：要是能让学生置身于这春暖花开的季节里，用心灵去感受大自然，去寻找春天，发现春天的美，那他们将享受一场春天的盛宴。因此，我引导学生带着亮眼去观察大自然，用耳去倾听大自然的声音。在学生的作文里，其中有一个写道："面对如茵大地，呼吸着清新的空气，看着漂亮的蝶儿和忙碌的蜜蜂在花丛中共舞，听着鸟儿清脆的叫声和溪水缓缓流动的乐曲，这是多么的惬意啊！"如果不是亲身体验，又怎能写出如此精彩的句子！

生活是多姿多彩的，生活是生动活泼的，时时刻刻都有故事发生。要想使作文得心应手，就必须让学生在真实的生活中搜集材料，时刻关注身边的事，为今后作文能轻松越过素材积累关打基础。

### 三、培养写作乐趣，引导学生乐写

兴趣可谓是作文的最好老师，在教学中我们应紧紧抓住儿童的心理特点，根据所学内容从学生的身边寻找教学的切入点，激发写作的兴趣，充分发挥学生的学习积极性，寓学于"玩"，让学生在轻松、愉快的环境中进行写作。比如，一次学生在写《吹泡泡》这篇看图写话时，我先布置学生回家去制作泡泡水，课前再带着学生到操场上玩吹泡泡。游戏时，看着一个个在阳光照射下变化着各种颜色的泡泡，全班学生兴致勃勃，手舞足蹈，拍打着大大小小的泡泡，欢叫声此起彼伏。在玩的过程中，孩子们不断地有新发现、新感悟。游戏结束后，趁着学生们余兴未了，我及时引导学生具体而有条理地说出吹泡泡的经过。由于学生的情绪达到高潮，个个全身心地投入活动中，一个比一个说得精彩，赢得同学们的阵阵掌声。这样指导学生写作，必然使他们兴趣盎然，喜欢写作。

## 四、树立写作信心，克服失望心理

三年级的小学生刚刚接触作文，帮助他们树立写作信心至关重要。可以说，自信意味着成功的一半。在作文教学过程中，教师只有用真诚的心去爱学生，鼓励学生，才能引导学生克服心理的畏惧，让他们大胆地把想说的话写出来，逐步消除学生对作文的排斥心理。

1. 耐心指导，加强个别指导

教师应想方设法激起学生写作的兴趣，学生在写作的过程中，哪怕只是灵光一闪的创新萌发，教师都应该及时地给予适当的表扬和鼓励，继而引导他们展开创作。这样学生就会越写越想写，从而实现由"要我写"到"我想写"的不断转变。

有一次作文课，写游乐场的活动，我先让学生说说自己喜欢的游玩项目。学生可兴奋了，他们七嘴八舌地说了起来，有说开碰碰车、飞机、游船，有说玩海盗船、走迷宫……听起来，学生也说了很多，就是没有人说得精彩，像记流水账似的，空洞而显得杂乱无章，听不出重点在哪。此时，教师的引导就显得至关重要了。

以开碰碰车为例：

师：你刚坐碰碰车时的心情是怎样的？心里又是怎么想的？

生：心怦怦跳个不停，害怕撞上别人，把碰碰车给撞翻了。

师：当你紧张时，你是怎么做的？

生：我的双手紧紧地握住方向盘。

师：这时突然有辆碰碰车向你驶过来，你又来不及躲避，这时你又是怎么做、怎么想的？

生：我吓得大声呼叫，赶紧转动方向盘，可是还是来不及，只听"砰"的一声，撞上了，碰碰车也只是撞开了，没事。

……

我不断地引导着学生抓住心理活动和神态进行描写，学生的第二次作文就让人耳目一新了。实践证明，教师只要耐心指导学生，学生的思维火花必然燃起。

2. 品尝写作成果，体会成功快乐

心理学研究表明，人人都渴望得到成功，孩子更渴望得到成功。成功能激发人们的奋斗精神，树立人们的信心。因此，在作文教学中，教师要抓住学生这一心理特点，尽可能地让学生自己品味作文成功后的喜悦，以此唤起学生对写作文的兴趣。每个学生都希望老师和同学能看到他的作品，因此，对于写出一些较为优秀的作文，甚至精彩的片段的学生，我都会给他们寻找体会成功的机会。有时让学生在全班同学面前朗读他们的习作；有时在班级的学习园地、黑板报张贴习作，让其他同学欣赏、点评；有时又通过作文竞赛、征文、网络投稿等形式，让这些优秀作品能得到展示的机会。同学们投来赞赏、羡慕的眼光，无疑是对作者巨大的鼓舞和推动。同时，同学之间相互影响，形成良好的习作氛围。你说，这岂不是迈向成功的一个很好的阶梯吗？

因此，在小学作文教学中，我们不妨让孩子们不断地观察、体验，就像泉水从泉眼中涌出一样，让孩子们笔端流淌出一个色彩斑斓的儿童世界。

# 有效引读，读出精彩

福建龙岩长汀县汀州小学　罗晓英

引读，就是在学生朗读课文的过程中，教师根据教学要求和文章的写作特点，在关键性的地方精心设计与课文内容相关的课引，以引起学生注意，使学生的思维活动呈现出一种积极的状态。有效的引读可以帮助学生更好地理解文本内容，抒发内心所产生的情绪。引读是学生与语言文字直接碰撞，使学生获得语言感悟，形成语言积累的重要手段。

## 一、破题引读，渲染气氛

课文的题目是文章内容的浓缩，也是全文的眼睛。扣题引读，往往能为全文的学习做好感情铺垫，达到"未成曲调先有情"的境界。如《中国国际救援队，真棒！》一课：

师：2003年5月，阿尔及利亚发生地震，我国政府立即向阿尔及利亚派出救援队，救援队出色地完成了救援任务，联合国官员高度赞扬说——

生：（齐读课题）中国国际救援队，真棒！

师：那曾经被救援队救出来的阿尔及利亚人民感激地说——

生：中国国际救援队，真棒！

师：在救出那个被压的小女孩时，一同救援的别国的人员竖起大拇指，说——

生：中国国际救援队，真棒！

再如《太阳是大家的》一课：

师：不管你是健康或是残疾，你都可以拥抱温暖，那是因为——

生：（齐读课题）太阳是大家的！

师：不管你是贫穷或是富裕，你都可以分享阳光，那是因为——

生：太阳是大家的！

师：不管你是强者或是霸王，你都无法遮挡光明，那是因为——

生：太阳是大家的！

在上面的案例中，教者从课题入手，既让学生在引读中理解了课文大意，又渲染了气氛，为课文的学习奠定了情感基调。

## 二、提示引读，唤醒思维

提示引读是指教师读课文时，用有关句子或句群的原词开个头，引导学生诵读后面的部分。在恰当的提示引读中，教师将自己的感动有效地传递给学生，继而让学生也将内心深处的情感喷发出来，使朗读充满激情与活力。

如在教学《浅水洼里的小鱼》一课中的重点句子"'这条小鱼在乎！'男孩一边回答，一边捡起一条鱼扔进大海。他不停地捡鱼扔鱼，不停地叨念着：'这条在乎，这条也在乎！还有这一条、这一条、这一条……'"时，教师根据前面所学内容设计了一次提示引读：

同学们，正是因为小男孩太在乎小鱼了，所以他不停地弯腰，不停地叨念着——（学生读句子）

因为小男孩太在乎小鱼了，所以他不停地捡鱼，不停地叨念着——（学生读句子）

因为小男孩太在乎小鱼了，所以他不停地扔鱼，不停地叨念着——（学生读句子）

在一次次的提示中，学生不但在读中理解了"叨念"一词的意思，更是在小男孩的动作和语言中体会出了小男孩在乎鱼、爱鱼的情感。有了这样反复品读一段文字，学生才拥有充足的时间读书，与文本会面，由感悟到积累逐步地深入，从而提高了朗读的实效性。

## 三、创境引读，加深理解

阅读教学是教师带领学生们一起去寻找感动的过程。《一个中国孩子的呼声》一课，围绕中心句"救救孩子们，要和平，不要战争！"教者设计了一次引读：

师：战争是残酷的，战争是无情的，我们无法制止战争，但我们可以壮大和平的力量。

为了母亲不再失去儿子，我们大声呼吁——生读："救救孩子们，要和平，不要战争！"

为了妻子不再失去丈夫，我们大声呼吁——生读："救救孩子们，要和平，不要战争！"

为了孩子不再失去父亲，我们大声呼吁——生读："救救孩子们，要和平，不要战争！"

通过设计这三个朗读，孩子们的情绪一下子被调动了起来，他们对文章表达的意思很快就体会了，而且朗读也很到位。可见，不失时机的引读，可以使学生很快地入情入境。

《去年的树》是日本作家新美南吉的作品。课文语言很优美，其中有一句"鸟儿站在树枝上，天天给树唱歌。树呢，天天听着鸟儿唱。"教学这个句子，很明显可以抓住句子中两个"天天"来做文章。一位教师是这样创设情境引导学生读句的：

师：正是这样的"天天"，给了我们多少美好的想象，带给我们多少美好的画面。

大家看，当太阳露出笑脸的时候——生读：鸟儿站在树枝上，给树唱歌。树呢，听着鸟儿唱。

当月亮挂上树梢的时候——生读：鸟儿站在树枝上，给树唱歌。树呢，听着鸟儿唱。

当积雪融化了的时候——生读：鸟儿站在树枝上，给树唱歌。树呢，听着鸟儿唱。

当黄叶飘落的时候——生读：鸟儿站在树枝上，给树唱歌。树呢，听着鸟儿唱。

迎着风，迎着雨——生读：鸟儿站在树枝上，给树唱歌。树呢，听着鸟儿唱。

走过春，走过夏——生读：鸟儿站在树枝上，给树唱歌。树呢，听着鸟儿唱。

（点击出示句子）是的，这是一段多么温暖的时光啊！就这样，一天又一天——生读：鸟儿站在树枝上，天天给树唱歌。树呢，天天听着鸟儿唱。

情境的创设，为学生的朗读和理解提供了很大的帮助，在这样的情境中美美地朗读就如同走进了一幅连绵的画卷中。

### 四、回诵引读，升华情感

在许多的课文中都有不少含义深刻的句子，都有强烈的抒情的语句，抓住这样关键的句子反复引读，既达到体会情感之效，又在诵读中积累了语言，达到"一石二鸟"的效果。

《长城》一课围绕课文的中心句"这样气魄雄伟的工程，在世界历史上是一个伟大的奇迹"进行回诵引读，取到了很好的效果。在初步了解了句中的"气魄雄伟""伟大的奇迹"意思后，指导学生用赞美的语气读句子。当学习到"长城像一条长龙，在崇山峻岭之间蜿蜒盘旋"时，教师很自然地引导学生回归到文中的中心句，让学生体会"奇迹"：

面对这样长而有气势的长城，难怪，我们的作者发出了如此的感叹——（生读句子）

当学习到长城"从东头的山海关到西头的嘉峪关，有一万三千多里"时，教师再次引到了这个中心句：

这样的长城出现在作者眼前的时候，他怎能不感叹——（生读句子）

当学习完描写长城高大坚固的段落时，教者第三次回归到中心句：

面对这样高大坚固的长城，难怪我们的作者会这样说——（生读句子）

最后，教学完长城独特的结构在当时有很大的军事作用时，教师又一次引读：

这可真是"一夫当关，万夫莫开"，让我们在这里和作者一起由衷地赞叹——（生读句子）

这一引读设计表现出了高度的层次感，教师围绕"这样气魄雄伟的工程，在世界历史上是一个伟大的奇迹"这一中心句，运用反复诵读的方式引读，创设了一个激情的氛围，学生的情感螺旋上升、层层递进，最后达到高潮。这样的设计不仅丰富了教学内容，营造出浓浓的氛围，学生的情感得到升华，真可谓"一唱三叹",有如绕梁余音,袅袅不绝于耳。反复引读,让那份情感慢慢地放大,让那一种情境逐渐弥漫,让学生情不自禁升华情感。

总之,有效的引读能渲染气氛,能唤醒学生沉睡的思维,能使学生加深对文本的理解,感受体味语言的精妙,与文本产生共鸣。引读,能引出一个又一个精彩。

# 游戏，习作的快乐精灵

福建长汀师范附小　刘　姝

## 一、结缘游戏

一天，我改着一篇篇糟透了的学生日记，心情也糟透了。同事见状便表演了一个好玩的小魔术逗我开心。

初学此招的我，一扫苦闷情绪，兴奋地在学生面前显摆起来。学生被哄得一愣一愣的，纷纷猜测这是怎么一回事，在明白真相后，个个乐翻了天。开心之后，我作了适当的指导，然后让他们当堂作文。那天写作文，是有史以来最安静的一次，特别是平时一说作文就犯愁的小叶，也像换了个人似的，奋笔疾书，竟写了篇文通字顺的400多字的作文，这对他来说可是大姑娘坐花轿——头一回啊！在大大表扬他之后，问他为何今天写得这么棒，他说："以前写作文，我总觉得没东西可写。今天有东西写啊，所以我就会写了！"

"今天有东西写啊！"真是一语道破天机，也道出了许多孩子的心声。小小的魔术竟具有如此大的魅力，让师生俱开颜。这一次经历，让我对苦苦探求的习作教学有种"众里寻他千百度，蓦然回首，那人却在灯火阑珊处"之感。

## 二、寻求支撑

翻开教育杂志，我惊喜地发现，古今中外的教育专家对游戏在学生学习中的作用早有论述。明代教育家王阳明对如何激发儿童学习兴趣，曾说过这样一段话："大抵童子之情，乐嬉游而惮拘检。如草木之始萌芽，舒畅之则条达，摧挠之则衰萎。今教童子，必使其趋向鼓舞。中心喜悦，则其进自不能已。"

法国教育家蒙台梭利曾说:"儿童对游戏的需要比对事物的需要更为强烈。"他认为游戏不仅为儿童创造了一个愉快的天地,也是发展儿童语言的重要形式。

上海大学李白坚教授所著的《21世纪我们怎样教作文》倡导以游戏为载体进行"快乐大作文"。

……

看来,巧借游戏这把火,学生的内心将充满愉悦感;巧借游戏这把火,学生习作热情将被点燃;巧借游戏这火把,学生将自由地思考,自由地表达,自由地翱翔。

**(一)以游戏为抓手,注入习作新元素**

爱玩是孩子的天性,游戏使每个人兴趣盎然!每个人都有好奇心,小孩子更是如此,对于没玩过的游戏,他们充满着好奇,充满着向往,因而在活动时往往全身心地参与其中。由于注意力的高度集中,观察就自然是细腻而又全面,如上文提到的小魔术就是因为新鲜而产生如此魔力。

新游戏深受欢迎,那么一些经常玩的老游戏能否成为孩子习作的"活水"呢?"石头剪子布"是每个孩子耳熟能详的小游戏,笔者在教学中做了这样的尝试:

教师首先引导学生认识到这个游戏看似简单,其实是一场心理战,要想制胜,必须注意观察,因为对方的眼神、表情无形中会"出卖"他们的内心;同时记录下面对对方的招数,自己如何思考,如何接招,结果如何,输了或是赢了各有什么想法。接着选出两位表演能力强的"高手"登台一决高下,同时引导学生观察两位高手各自的神情动作,猜测他们的想法。有生动的模特在,加上自己已有的经验,学生说得入木三分,精彩纷呈。

从以上的案例可以看出,熟悉的老游戏让人有一种亲切感,因为对老游戏规则、玩法相当了解,所以在游戏活动中会唤起以往的体验,对于游戏中可能出现的情况具有一定的预见性,因而对最细微的地方都能仔细地观察,用心地体会;但也因为游戏的不确定性,所以令人对活动充满着期待。因而诸如"宝宝开花""打弹珠""斗鸡"这样的老游戏照样会绽放出迷人的新光彩。

实践证明，对于每个孩子来说，只要是玩，不管是新游戏还是老游戏，不管是玩过的还是没玩过的，他们都能全心地投入，都能玩出新感觉。通过游戏，经过观察，孩子们畅所欲言，竭尽所能地描述着所见所闻所感。丰富、有趣的游戏为习作注入了新元素，使学生摆脱了无话可说的尴尬。

（二）以游戏为触角，体验生活新乐趣

1. 再现"乐趣无穷"的生活

罗丹曾说："生活中不是没有美，而是缺少发现美的眼睛。"生活，对于缺少观察的人来说，是平淡无奇的，而对于一个热爱它的人来说，是多姿多彩的。爱玩是孩子们的天性，游戏在他们的生活中是唱主角的。同时游戏又是现实生活的缩影，就内容而言，大至战场纷杀，小至昆虫争斗；就形式而言，可辩可唱、能歌能舞。游戏，让孩子们的生活变得更加丰富、快乐；游戏，让孩子们爱上了生活。

如有一次我在洗衣服后，发现手上腻腻的，搓几下，竟搓出好多的泡泡；洗了，又能搓出泡泡，我的手就像一块用不完的肥皂！我就把这个有趣的现象带到课堂中，学生兴致盎然地亲身体验，大呼有趣、过瘾！

在课堂中，教师通过游戏这一触角，引领孩子走进生活，使他们真切地感受到原来只要多一双眼睛，多一颗细腻的心，现实生活就像游戏那样乐趣无穷。

2. 走进"创意无限"的生活

生活多一份创意，就会多一份精彩。创意的生活，将带给学生别样的人生。

当然创意的生活还需打破常规的哲学，打破思维的定势，用自己的双手和智慧，给生活抹上艳丽的色彩。如我曾要求学生用嘴巴创造艺术饼干，由于饼干很松脆，往往不遂人愿，可这过程却往往带来另一份惊喜。

【学生习作】

我家小狗最不喜欢饼干，这回我要咬个骨头形状的饼干给它吃，看它吃不吃？主意一定，我就开始动嘴了。我先用门牙啃出大致轮廓后，然后使出浑身解数，时而用下牙来回磨动，时而用湿润的嘴唇去抿，时而像小狗一样伸长舌头去舔。功夫不负有心人，一根栩栩如生的骨头展现在眼前，我得意地左右端详，心想：小狗啊小狗，这以假乱真的骨头，你肯定爱吃。这时，我发现骨头顶端下凹部分不够完美，就用上门牙小心翼翼地磨。突然，"咔嚓"一声，饼干一分为二了。天啊！我顿感一阵天旋地转……

沮丧至极的我拿着"骨折"了的饼干，无奈地看着。咦！这断裂的饼干不就像一颗爱心吗？真是"山重水复疑无路，柳暗花明又一村"，欣喜若狂的我又开始了新一轮的创作……

这是学生先前不曾体验过的，原先在他们看来，饼干就是饼干，只是用来吃的，殊不知小小的饼干竟也能给人带来如此的快乐。通过这样的活动，也是在告诉学生，其实我们的生活是很有趣的，只要你是生活中的有心人，就可以为平淡的生活画上绚丽的彩虹；只要你是生活中的有心人，习作的题材俯拾皆是。

（三）以游戏为纽带，链接各科新通道

课程标准在强调"拓宽语文学习和运用的领域"的同时，提出"注重跨学科的学习"，希望能在不同内容的"相互交叉渗透和整合中，开阔学生视野"。在各个学科中，都有着学生喜欢的游戏，我们完全能以游戏为纽带，整合各学科，使其为习作服务。

科学课中大量的实验深受学生的喜爱，它带领着学生走进神奇的世界，探索未知的领域。就以鸡蛋为例，里面就有许多好玩的事，如巧辨鸡蛋生熟：两个鸡蛋，在不打破的前提下能否分出生熟；大力士PK小鸡蛋：找班中的大力士将鸡蛋放在手心来捏，结果令人瞠目结舌——竟然捏不破，这是为什么？鸡蛋内部结构大探密：鸡蛋怎么能变成小鸡的，里面有什么奥秘呢？鸡蛋表面结构与拱形建筑间的关系……一系列的游戏强烈地抓住学生的好奇心，游戏过程中学生通过眼观、手动、脑想、心感，获得丰富的表象和感性经验，写出的文章自然是细腻而又生动的。

《品德与生活》注重通过趣味活动，让学生学习人生的规范；体育课上，学生经常在游戏中学习，在活动中提高；美术、劳技、音乐、电脑、数学……各门学科都有好玩的游戏，都能成为学生习作的源泉。

游戏——这快乐的精灵，不仅使学生的生活变得充满乐趣，而且充实了学生的习作空间，解决了他们"无米"下锅的苦恼。

# 小学生活化作文教学的几点体会

福建龙岩长汀县第二实验小学  马桂莲

新课标强调"写作教学应贴近学生的生活,让学生易于动笔,乐于表达。"但在平时的作文课上普遍存在学生作文无从下笔,无内容可写的现象。出现这种情况主要是因为教师的教学脱离生活,学生不善于发现生活,表达生活。因此,作文教学要让学生走进生活,体验生活,感受生活,并从生活中获得真实感受。

## 一、走出课堂,丰富素材

1. 观察生活,丰富作文素材

生活是学生作文的源泉。教师要有目的地引导学生走进生活,观察生活,引导学生留心周围事物,鼓励学生把生活中的所见、所闻、所感用表格或观察日记的形式记录下来。如写一种小动物,教师可以引导学生细致地从外形、性格、生活习性等方面观察小狗、小猫、小鸭等生活中常见的熟悉的动物,并在表格中记录观察结果。通过观察,学生有了自己的发现,写作文时就会有话可说,有内容可写。又如写一个熟悉的人,可引导学生选择自己喜欢的一个人:同学、父母、老师……通过一周左右的时间,从人物的外貌、性格、爱好、品质等方面作细致观察。学生了解到了人物的特点,然后选择一两处印象深刻的地方做细致的描写,不仅能把人物的特点写清楚,还能在行文的过程中表达自己的真实感受。平时,教师还可以引导学生分阶段、有目的地完成观察任务。如:低年段可布置观察身边的小动物或喜欢的植物,写好观察小卡片;中年段可布置观察动植物、自然现象,利用表格记录观察所得并坚持每周写好一篇观察日记;高年段可布置学生观察一些社会现象,写好观察日记。只要老师细心引导,学生在多听、多看、多想的过程中,就一定能够积累丰富的写作素材。

2. 体验生活，丰富作文素材

为了使学生的作文能够贴近生活，及时地把自己感兴趣的事物表达出来，教师要在教会学生观察生活的基础上组织学生参与生活、体验生活。通过体验激发学生的作文兴趣，激起学生表达的欲望，使他们乐于在作文中尽情表达自己内心世界的独特感受，写出生动、真实的好文章。

（1）做一做，体验真切。做一做能让学生体验到生活的乐趣，从中获得真实感受。如教学《第一次包饺子》，教师可布置学生周末的时候和爸爸妈妈在家里包饺子。在包饺子的过程中，还要引导学生想一想：包饺子之前要准备什么？包的过程中会遇到什么困难？是怎么解决的？学会包饺子后心情是怎样的？这样，学生有目的地参与生活，并从做一做的过程中体验包饺子的乐趣，丰富了写作素材，作文内容更加丰富，情感表达更加真实。又如学校组织学生进行植树活动，学生通过亲手种下一棵棵小树苗，能够感受小树长成大树的不容易，产生爱护树木的意识。今后在此类作文的写作过程中，学生写作将不仅仅只是写具体的植树过程，还会更深一步地写出保护环境的意愿，从而提升文章的内涵，加深文章的思想深度。

（2）玩一玩，体验乐趣。在生活中亲身经历的事对于学生来说印象深刻，写起来特别顺手。教师可以让学生在各项丰富的活动中玩一玩，体会乐趣，积累素材。如教学《一次有趣的_____》，可组织学生做一些有趣又有意义的活动，如拔河、跳绳、联欢会……学生通过活动去体验，去观察，然后写下活动过程和真实感受。

3. 课外阅读，丰富作文素材

阅读是写作的基础，是积累作文素材的重要方式。教师要引导学生从多方面、多渠道地选择构思新颖、视角独特，既富有新鲜知识，又令人感兴趣的材料进行阅读。要拓展学生阅读视野，充分尊重学生的独特体验，倡导广泛的、自主的、个性化的阅读。除了选择阅读材料外，还要引导学生做好读书笔记。针对阅读材料中的好词好句、好段好篇，可以让学生摘抄下来甚至背诵下来，形成自己的语言方式运用到作文中去。有时还可以针对阅读材料中的人或事做一些思辨性的分析，写下自己的阅读感受。

## 二、回归课堂，书写生活

1. 将课堂教学延伸到课外，书写生活

语文教材中许多课文贴近学生的生活，通过阅读能够让学生联想到生活，唤起生活的体验。教师要善于捕捉教材特点，将课堂教学延伸到学生的课外生活并把课外经验转化为课内写作素材。如教学《精彩极了和糟糕透了》这篇课文时，为了让学生更深一层地体验课文中描写的来自父亲和母亲两种不同的爱，可在课堂上组织学生扮演父亲、母亲、巴迪等不同角色进行现场演绎。当学生在演绎中有了更深一层体会后，可引导学生列举亲身经历的事例，说一说自己的父母是如何对待自己的，并顺势引导小练笔《父母的爱》。这样教学，很自然地将课内延伸到课外，把课本知识转化为自身的写作素材，写下自己的真情实感。

2. 将课外经历运用到课堂，书写生活

作文课堂上，教师应尽可能地唤起学生的生活体验，将课外生活中积累的生活素材运用到作文课堂中。如教学《介绍一种物品》时，可出示课文插图"蔬菜""水果""玩具"等，引导学生往平时生活观察中想开去：你平时最感兴趣的是什么呢？观察过吗？你是怎么观察的？学生们纷纷举手，说出了自己从颜色、形状、用途等方面观察事物的过程。通过引导，唤起了学生课外知识的积累，激发了说和写的兴趣。课外经历运用到了课堂作文教学之中，使二者有机结合起来。除此之外，教师还要在日常的教学中，引导学生与老师、同学相互分享课外有趣的经历，然后用写作的方式将其记录下来，相互交流、互相学习、分享写作经验。这样有利于锻炼学生的口头和文字表达能力，使学生将课堂上学到的写作技巧与实际生活经验有效地结合起来，从而提升学生的写作能力。

叶圣陶先生说过："生活如泉源，文章犹如溪流，泉源丰盈而不枯竭，溪流自然活泼而昼夜不息。"只有让学生走进生活，融入生活，才能有所见、有所闻、有所感，才能写出具有真情实感的好文章。

# 借助"采蜜本",指导学生进行快乐阅读

福建长汀师范附小　赖荣明

提高学生的语文素养,培养学生的语言表达能力是新课程赋予语文教学的主要任务。古人言:"厚积而薄发。"小学生长于记忆,让学生大量接触语言文字规范的作品,背诵佳段佳句,形成对语言文字的感性认识,有利于帮助学生积累大量的语言材料。因而,让学生快乐地、广泛地进行课外阅读,这是提高学生语文素养的有效途径。《课程标准》要求学生九年课外阅读总量达到 400 万字以上,其中小学要达到 145 万字。如何帮助学生快乐地完成这一学习目标呢?这是我一直思索的问题。我们依托"采蜜本",结合教学实际,进行"阅读中感悟,感悟中创新"的校本研究。目的在于借助"采蜜本",引导学生快乐地进行课外阅读,让学生在阅读中积累丰富的语言素材,并在语言的感悟、积累的过程中,尝试运用语言,做到读写结合,虚实结合,使学生乐读、爱读、会读,读中展现童心、童真、童趣。从整体上提高学生的语文素养,从而提高学生的阅读能力、习作能力和创新能力。

## 一、"采蜜本"的设计特点

"采蜜本"的设计分为六部分:1. "你知道课外应读什么书吗?"——向学生介绍了要提高自身文化素养该读哪些方面的书;2. "你知道一学期需读多少书吗?"——为学生提供了他们要完成课标规定的每个学段的阅读量,在每个学年、每个学期、每一周,包括寒暑假要完成多少阅读量较为合适;3. "你知道阅读方法吗?"——介绍了朗读、默读、诵读、精读、略读、浏览的阅读方法;4. 读书卫生常识——提醒学生读书用眼要做到"二要""二不要";5. "请你制订一学期读书计划。"——要求学生从宏观上对本期要读的书目或文章及读书日期有个大体的规划;6. "快乐阅读"版块(如下表),是

"采蜜本"的核心部分，它从"粗读难点""读中收获""读后提高""多元评价"四方面引领学生读中练，读后练，帮助学生有效地进行课外阅读。

快 乐 阅 读

＿＿＿月＿＿＿日　星期＿＿＿

| | | |
|---|---|---|
| 读后<br>提高 | 自选一题打"√"，写 50—100 字内容。<br>1. 写故事内容（　　）<br>2. 根据故事内容写问答题（　　）<br>3. 句子或段仿写（　　）<br>4. 续写故事（　　）<br>5. 介绍书中一个人或物（　　）<br>6. 写读后感（　　）<br>7. 给故事人写信（　　） | |
| 评价 | 学生自评 | 优(　) 良(　) 合格(　) |
| | 家长或教师评语 | 继续努力目标： |

## 二、"采蜜本"的导读功能

"采蜜本"是根据新课标的精神和儿童的学习心理而设计的，其目的是为了激发学生课外阅读的兴趣，提高学生课外阅读的有效性，从而丰厚他们的文化素养。因而使用时要充分发挥其导读功能。

1. 好书推荐——学生爱读没商量

"读一本好书，就像和一个品德高善的人交朋友。"可是面对茫茫书海中琳琅满目的作品，学生往往无所适从，良莠不分地信手拈来，有什么读什么。结果费时低效，达不到预期的效果。本学期，我所带的四年级学生根据"采蜜本"上推荐的书目，走向图书馆、阅览室。他们有的走进童话世界，在《安徒生童话》《格林童话》及中外现代童话中遨游；有的在《伊索寓言》《克雷洛夫寓言》等寓言故事中懂得了人性的真善美；有的在鲁迅《朝花夕拾》、冰心《繁星·春水》等诗歌散文作品中吸取养分；有的还穿越时空，在《西游记》《水浒传》《三国演义》《骆驼祥子》《鲁滨孙漂流记》《格列佛游记》

《名人传》《童年》《钢铁是怎样炼成的》这些经典文学名著中乐不思蜀，探究着灿烂的文学瑰宝；还有的喜欢阅读科普科幻作品，在神奇的幻想世界里，展开了幻想的翅膀。学生在这些好书中如蜜蜂采蜜，吮吸着知识的乳浆，思想情操、文学底蕴得到较大提升。有价值的好书，学生想读、爱读，真是——好书，学生爱你没商量！

2. 方法点拨——学生会读乐融融

读万卷书，行万里路。博览群书，才能厚积薄发。阅读是学生重要的语文实践活动，学生只有加强阅读实践，保时、保量、保质地进行课外阅读，教师进行必要的阅读方法指导，使学生养成良好的读书习惯，学生才能在阅读中快乐地成长。

保时，即保证课外阅读时间。开学初，每位学生根据自己的实际情况和兴趣爱好，与老师、家长一起制订出本学期的读书计划，确定喜欢读的主要书目或文章题目，安排好读书的时间。

保量，即保证完成每个学期的阅读计划，完成规定的阅读量。一年级每周至少完成400字的阅读量，二至六年级每周的阅读量至少不低于：500字、3000字、4000字、7000字、10000字。

保质，即保证学生读好书，会读书，掌握好的读书方法，养成好的读书习惯。"采蜜本"中介绍了朗读、默读、诵读、精读、略读和浏览六种读书方法。对一些长篇巨著可采用略读、浏览，对一些优美的诗歌散文可采用诵读，对一些名家名篇、经典著作可选择重要部分进行精读。教师在读书方法上要让学生明确：读书要先读目录、序言，从整体入手把握读物的内容，然后根据自己的需求与爱好，有选择地阅读。在阅读过程中建议学生：一是通过粗读，对所读书籍内容有个大概了解，然后找出要精读的内容进行细读；二是通过速读，迅速而准确地获取信息，捕捉所需的关键信息。学生因为有了方法引领，读得有量而且有质，幸福地享受着读书的乐趣。

3. "快乐阅读"——学生读中显个性

"快乐阅读"是"采蜜本"的主要内容，它是在学生快乐阅读的基础上，提供给他们做读书笔记用的。它包括四个部分：

（1）粗读难点：学生可记下粗读时遇到的不解字词或疑问，以便在班级读书会时交流解疑。

（2）读中收获：主要是提供给学生摘抄优美词句或段落，帮助学生积累语言，丰富自身的文化底蕴。

（3）读后提高：这是学生自主地与文本对话的过程，是学生获取信息后自我陶醉的精神活动。学生可以写书中的故事内容；可以根据故事内容写问答题；可以根据某个片段进行仿写；可以续写故事；可以介绍书中的一个人或物；可以写读后感；可以给故事中的人物写信；还可以撰写读书格言。学生自主地选择自己喜欢的方式写读书笔记，极富个性地表达自己的读书体会。

（4）多元评价：对所记的读书笔记，学生可以自己评价，评定等级；可以同学间相互评价；也可以请老师或家长写评语，提出继续努力的目标。这有利于激发学生的阅读兴趣，鞭策他们不断地朝新的目标前进。

### 三、"采蜜本"的操作原则

借助"采蜜本"指导学生进行个性化阅读，是学生搜集处理信息、认识世界、发展思维、获得审美体验的重要途径。在操作过程中应遵循下面几条原则：

1. **主体性原则**：即鼓励学生自主选择阅读材料，多读书，好读书，读好书，读整本的书。在广泛阅读中，受到情感熏陶，获得思想启迪，享受审美情趣。阅读中要珍视学生独特的感受、体验和理解。

2. **建构性原则**：即强调学习者自我知识建构。在学习过程中把知识学习情境和知识应用情境整合起来，重视语言的积累感悟，注意读写结合，评赏结合。

3. **互动性原则**：即阅读过程是学生、教师、文本之间对话的过程，应注意调节师生关系，形成和谐的师生互动、生生互动、学习个体与学习媒体的互动，强化人与环境、人与文本的交互影响，从而提高阅读的兴趣和效率。

4. **激励性原则**：即利用学生的阅读期待，通过佳作推荐，好文共赏，"每日一赛"（每天5分钟的好词佳句评赏赛），"每周一展"（读书笔记展评）等活动激发学生的读书欲望，使阅读成为学生的精神所需。

## 四、"采蜜本"的实践意义

《语文课程标准》特别重视学生的课外阅读，明确提出："培养学生广泛的阅读兴趣，扩大阅读面，增加阅读量。""采蜜本"的设计与课标精神吻合，与新课程同步。它引导学生有目的、有计划地进行课外阅读。他们如蜜蜂采花酿蜜般博览群书，吸取知识的乳浆，还滋滋有味地把自己的读书体验记录在"采蜜本"上，并期盼着读书会上能赏读自己的读书心得，展示台上能展示自己的佳作。一个学期来，学生兴致勃勃地进行课外阅读，多的做了将近四十次的"快乐阅读"，少的也做了二十次的"快乐阅读"。他们在书中穿越时空，与古人对话，与未来携手，读书成了一种乐趣，一种享受，一种撷取。通过阅读，学生养成了良好的阅读习惯，提升了自身的语文素养。学生因为有了语言积累、沉淀、感悟，思维敏捷了，文笔流畅了，写作水平和表达能力有了较大提高，就连以前每到作文课就头疼的学生也易于动笔，乐于表达了。

# 怎样进行有效的阅读指导

福建龙岩师范附小　陈丽芬

阅读是获取知识的重要手段。阅读方法的掌握与否，直接影响获取知识的质与量。阅读也是一种比较复杂的智力活动。而在阅读教学中，常常是教师带着学生去感受，或者是学生还来不及思考，教师就把自己的想法或者参考书的结果与学生分享，学生在阅读过程中，就失去了分析、综合、判断、推理、概括等思维活动，这样对于他们的智力发展有着阻碍作用。

学生的阅读指导无论是语言形式还是思想内容，必须循序渐进，才有利于掌握系统知识，提高学生的阅读能力。

## 一、交给学生正确的阅读方法

小学生阅读的指导方法在语文教学中，检验其成功与否就是看教师是否教会了学生"点石成金"的方法。

1. 阅读要明确目的。在阅读中学习什么，即达到什么样的结果，也就是阅读目的。阅读目的对整个阅读起定向作用。它自始至终指导着阅读的进行，直至达到预想的结果。

2. 阅读要注意过程。学生阅读的任务是理解课文，并在理解课文的基础上逐步学会阅读。我们的阅读教学应以指导学生完成这一任务为出发点和归宿，应引导学生沿着合理的过程完成阅读。

3. 阅读要勤于思考。阅读的核心是理解，而理解要依靠思考。有许多知识需要记忆储存内容，但记住不代表思考。目前，有的学生错误地认为语文就是背记，有的教师的阅读指导也有过度偏重记忆的现象；也有的老师精心设计了阅读训练，但由于混淆了理解和记忆，使那些本应成为思考训练的设计仍然变成了知识记忆，这是不行的。教师的阅读指导，一定要想方设法促使学生"跳起来摘到桃子吃",这样才能培养他们独立思考的能力。

4. 阅读要培养兴趣和习惯。如何在阅读过程中,培养学生学习的兴趣和习惯呢?那就是扎扎实实地搞好每一堂课的教学,精心设计教学程序,在知识教学和能力培养的过程中激发兴趣,形成习惯。当学生对语文课感到兴趣盎然时,就会激发他们继续求知的欲望。学生有了浓厚的学习兴趣,才能使学习变为自觉的行动,这种自觉的行动就是初步形成的良好的学习习惯。

## 二、根据课文文本特点,指导精读与泛读

根据课文各自的特点,采用精读和泛读相结合的方式,不平均使用力量,部分课文采用精读的方式教学,有些较浅显的课文则采用泛读的方式指导学生阅读,泛读的课文在教学中更注重指导学生从整体上把握课文的主旨,并教给学生泛读的方法。重视阅读迁移,学生将在课内学到的方法运用到平时的阅读中,能很快把握阅读重点,阅读的速度也有所提高。通过这一教学过程,既可激发学生课外阅读的兴趣,又可进一步提高学生的阅读能力。

由于小学生的读书能力有限,很难做到读一遍文章就可以读准确。因此,在读通课文之后,必须趁热打铁把文章再读一遍,才能不至于很快遗忘。根据心理学中有关记忆规律的原则:及时的复习是克服遗忘的最好方法。而且,扫除文字障碍之后,多读几遍达到能够熟练地朗读,做到一字不错,可以保证在以后的作文中能准确地运用。平时,我们要求学生在朗读过程中摘抄好词佳句,这个任务就可以让学生在通读的基础上进行。这样,学生不仅扩大了自己的写作词汇的积累,以备在以后的写作中运用,而且在积累了大量的字词句后,学生的阅读速度也变快了。

## 三、精读——理解文章的中心思想

在前面两步读的基础上,学生凭借自己已有的语感,对文章有了一个大概的印象。如果能进一步地展开阅读,并能努力地去理解每一个句子,可以更深刻地理解文章内容,进而体会文章思想,达到真正读懂文章。俗话说:书读百遍,其义自见。学生在大量阅读中自然地提高自己的阅读理解能力,

同时，也就形成了较强的语感。这样，必然会伴随着学生读书量的增大而让读书变得轻松，读书的兴趣也就会越来越高，理解能力也会得到很大提高。在真正读懂了文章的基础上，再鼓励学生写出自己的心得体会，这样学生既进行了小练笔，提高了写作能力，又进一步扩大了语言的积累，这就充分发挥了课外阅读的作用。

### 四、品读——体会文章的思想情感

品读，即美读，也就是有感情地朗读。当学生对文章的内容能够真正理解之后，也就有了自己的认识。这时，要求学生能够有感情地朗读文章，每个学生都会放入自己的独特见解和体会，学生的理解力也将随之而进一步提高。我们常说：一千个读者就有一千个哈姆雷特。这就告诉我们对于同一篇文章来说，每个人的理解可能不同。当学生能够把自己对文章情感的把握完整地用朗读表达出来的时候，也就真正地读懂了这篇文章。这时再进一步鼓励学生写出自己对文章的看法，大胆地对文章的各个方面进行评价，又可以在提高学生的写作能力的同时，强化个性，使之逐步形成独立写作的能力。

总之，阅读方法的掌握与否，是阅读教学的试金石。因此，我们的语文教学决不是单纯的传授知识，还应"授人以渔"，这样才能真正达到语文教学的目的。

# 小学语文朗读指导的有效策略

福建龙岩连城朋口中心小学　吕迎春

朗读是学生阅读的主要形式之一，也是阅读教学中使用最频繁、最重要的基本训练。那么，作为小学语文教师，教学中该如何指导学生有效地朗读呢？

## 一、明确朗读的基本要求

1. 读得正确，即要用普通话读，发音清楚响亮，不读错字，不添字，不唱读，不顿读。

2. 读得流利，即不复读，不断读，不读破，停顿间歇分明，语气连贯流畅，速度适中。

3. 读得有感情，即要绘声绘色，有轻重缓急，抑扬顿挫，语调能准确地传达出文章的思想感情，感情的表露要朴实、自然。

## 二、注重朗读的方法指导

1. 创设氛围，进入情境

首先可以利用电教手段创设情景交融的氛围。这样，孩子们朗读时才能投入感情，真正感悟到语言美、意境美。如教《大海》一文，在一阵海鸥哨叫和波浪声过后，放出了一首有关大海的钢琴曲，学生跟着悠扬起伏的琴声开始朗读。大海的宽阔、美丽、富饶都在他们动情的朗读中体现了出来。

2. 评读，促进发展

课堂中，教师们常用"赛"的方式组织朗读教学，如小组比、男女生比等。既然有赛，就有评。评议时，教师应充分地尊重学生，使每一个学生在评价过程中领略成功的喜悦。每个学生都有自己的经验世界，加上阅读材料本身内涵的开放性，不同的学生对文本会作出不同的"解读"。所以，教师要珍视学生独特的感受、体验和理解，逐步养成欣赏学生看问题的不同立场、方式、方法的习惯。"一千个读者有一千个哈姆雷特。"只要是学生读出真情实感的，能准确理解和表达朗读内容的，都应该给予肯定。教师不要只是强调某个字词该读大声或是读小声，以免造成形式化、表面化的指导。这就是新理念的最好体现。

3. 创设情境，进行比赛

针对孩子好胜的心理，引入竞争机制，能收到较好的效果。不管是个人读、小组读、全班读，都引入打分，在评分的过程中逐步养成学生认真读书的好习惯。其次，经常利用早读课、读书课开展朗读比赛，每次评选出一名"朗读天使"，让得奖的同学尝到成功的喜悦，让失败者继续努力，争取夺魁。

4. 提供示范，让学生模仿

学生的朗读水平与教师的示范朗读密切相关。因此，必须重视示范朗读的积极作用。示范朗读即通常说的范读。教学中，如果教师只是讲应该怎样读，而不应该怎样读，学生是很难学好朗读的。他们的认识还是很模糊的，并不知道怎样读才算表情达意。但孩子们的模仿能力很强，如果他们能亲耳听听老师是怎样读的，学起来就容易得多，读起来也就有情有意得多。因此，教师的范读及录音示范能让学生较快地掌握朗读的语气，并进行模仿。在朗读课文的同时，再配上与课文内容相关的背景音乐，更能吸引住学生，给学生一种美的感受。教师在范读之前应认真"备读"，反复研究朗读的语气、语调，发挥出最佳的水平，让学生听了以后，产生强烈的想读好的欲望，达到以读促读的目的。

5. 表演读

学生愿意积极地参与表演和模仿活动，给他们营造一个情境，他们就会在情境中绘声绘色地进行表演，伴随着的朗读训练就会简洁高效。小学语文新教材中有许多故事性很强的文章适合于学生的表演。对于这类文章，可以让学生担当课本剧中的角色，进行绘声绘色的表演。学生通过对文中人物说话的语气和表情进行模仿，可以加深对课文的理解。有了理解，那么再回过头去朗读课文的时候，他们就能很好地把文中的感情表达出来。一开始，学生有可能顾此失彼，注重了演的形式，又忘了词。这时，教师应让学生自由地练习，充分地交流讨论，反复地比较和揣摩，不断地提高认识，加深理解。而学生一旦充分理解且又经过反复练习形成了技能技巧，确信自己有能力达到熟练自如的朗读时，自然会跃跃欲试。此时激发学生创造性的朗读，如表演读、诵读，就能取得较好的效果。

6. 自由读

自由读就是放手让学生根据自己对课文的理解与感悟，自由选择自己喜欢的形式，尽情诵读。可独自读，也可约伴读，还可邀请老师一起读。

7. 变换形式，常读常新

人经常吃同一种饭菜，即使这饭菜做得再香，也会感到腻味。同样，教师指导学生读书，如果只用一种形式，一个腔调，长此以往，学生也会感到乏味。为了让学生对读书永远保持极大的兴趣，在平时的教学中，应根据不同教材的不同要求，做到"堂堂有新招，篇篇有花样"。教学说明文，采用默读抢答的方式引导学生理解课文内容；教学童话，采用轮读课文的方式讲故事；教学散文，采用师生赛读的方式比输赢；教学对话多的文章，采用分角色朗读的形式，在熟读课文的基础上锻炼口才……

朗读是一种有声的语言艺术，朗读教学在小语教学中具有不容忽视的作用，我们作为小学教师要精心设计朗读教学过程，科学合理地运用朗读的形式，使其在小语教学中真正展现艺术魅力！

# 细读慢品悟春美
## ——《咏柳》教学设计

**福建长汀师范附小　赖荣明**

**教学理念：**

诗是有声的画，画是流动的诗。教学中要根据古诗的特点和学生的年龄特点，以优美动听的乐曲，生动形象的画面，声情并茂的描述，将学生引入古诗的意境之中，让学生获得情感的充盈。本着整体感悟、悟出诗意、悟出诗韵的原则，课堂上应以读贯穿始终，通过多种形式的读，让学生在读中感悟，在诵中生情，在吟中入境，理解诗句蕴含的情感，领悟诗句蕴含的思想。通过重点词句的品析、赏读，让诗韵入童心，诗情入童怀，从而培养学生的诵读能力、理解能力、想象能力及审美能力。

**教材简析：**

《咏柳》是唐代诗人贺知章的作品。这是一首咏物诗，词句凝练，韵律优美，意境深远。诗中通过描写在春风吹拂下，柳树迷人的姿态，对大自然的神奇发出由衷的赞叹，赞美了万物复苏、生机盎然的春天，表达了诗人对生机勃勃的春天的渴望，以及对春天到来的喜悦。

**教学目标：**

1. 会认 2 个生字，会写 5 个字。能正确读写"碧玉""裁出""剪刀"等词语。

2. 正确流利地诵读古诗，背诵古诗。

3. 能用自己的话说出诗句的意思，体会诗人热爱春天、热爱大自然的感情，感悟大自然的美好。

**教学流程：**

## 一、激情导入，认识美

1. 教师导言：同学们，你们喜欢万物复苏、生机勃勃的春天吗？你能用一两个词、一两句话或一首诗来描绘描绘春天吗？
2. 动画展示春景，定格河边垂柳婆娑的画面：阳春二月，微风拂面，草长莺飞，多美的春天啊！瞧，那河岸的柳树给这美丽的春景添上了浓浓的春气。唐代大诗人贺知章沉醉在这美景之中，不禁吟咏作诗，想知道他是怎么说的吗？今天咱们一起学习古诗《咏柳》。（板书：咏柳）
3. 读题释意：指名学生读题识字咏（yǒng）柳（liǔ）。咏柳就是赞美柳树，那么诗人在诗中是怎么赞美的呢？

（设计说明：回忆对春天的感受，用词语、语句描述春天，并借助动画展示春景图和春柳图，引起了学生的翩翩联想，丰富了学生对春天的表象感知，激发了学生的学习欲望）

## 二、初读诗文，感知美

1. 诗人是怎么赞美柳树的呢？自己轻声读一读古诗，边读边把课后的生字划出来，多读几遍，读准字音。
2. 学生自由读，认读生字。
3. 检查自读生字词情况：
（1）指名读。读得好的当老师带读。
（2）开火车读。
（3）全班读。
（4）抽读词卡：碧玉、垂柳、丝绦、妆成、裁出、剪刀。
4. 重点指导读"咏""妆""绦"三个字，要求学生把字音读准确。
5. 指导书写：咏、裁、剪（老师范写，学生观察笔顺、字形；学生在生字卡片上练写）。
6. 学生再自由读古诗，要求把诗句读通顺，读准每个字音。

7. 指名读，请其他学生正音。

8. 配乐朗读古诗。

（设计说明：读准字音，把诗句读正确、流利，是古诗教学的基础。教学中引导学生自主识字，强调难读、易错的字音、字形，突破了教学难点，也为读懂古诗做了较好的铺垫）

## 三、细读诗文，品味美

### （一）学习第一、二行诗句

1. 课件播放柳树远景图。

①你看到了什么？

②从远处看柳树像什么？倒垂下来的柳枝又像什么？诗中是怎样描写的？

2. 学生读第一、二行诗。

用自己喜欢的方式理解诗句中的字词，说说诗句表达的意思、不懂的和同桌讨论讨论。

3. 教学进行适当点拨。

碧玉：绿色的玉。这里把柳树的枝叶比作碧玉

妆：打扮　　一树：满树

全句的意思是：高高的柳树，长满了翠绿的新叶，看上去好像用碧玉装饰打扮的一样。

4. 指导朗读。

诗人从远处看到柳树，发出了这样的感叹：碧玉妆成一树高，万条垂下绿丝绦。他觉得高高的柳树像是碧玉妆饰成的一样。而下垂披拂的柳枝就如千万条丝带。你们看诗人比喻得多好呀。如果你是诗人，你会怎么来读这两句以表达对柳树的赞美？

（1）指名读、分组读、自由读、领读。

（2）老师相机指导：碧玉/妆成/一树/高，万条/垂下/绿/丝绦。

（"一"字读第二声，可读重些。"绿"字也可读重一些）

（3）全班看着图片吟诵这两句。

（设计说明：引导观察、想象、读文，借助图像及文中注释帮助学生理解

诗句意思，能让学生感受到多姿多彩，生机勃勃的春意）

(二) 学习第三、四行诗

师：多美的柳树呀，诗人不禁发出这样的感叹——

生读句子：不知细叶谁裁出，二月春风似剪刀。

1. 出示柳树近景图，观察柳树叶子的形状。

2. 根据观察到的树叶的样子，谈谈你对这两句诗的理解，从这两句诗中你读明白了什么？

3. 小组交流各自的理解，说说诗句的大意：这细细的嫩叶是谁的巧手剪裁出来的？原来是二月春风这把剪刀裁出来的啊！

4. 品读"细叶"，感受春的魅力。

（1）朗读句子，从句中你感受到早春最大的特点是什么？

（2）你从"细"字，又感受到什么？

① "细"即细嫩，是呀，刚绽发的新芽，确实细嫩无比；

② "细"即细密，难道不是吗？瞧，那嫩叶像碧玉缀满了枝条；

③ "细"即细长，刚长出的叶儿，确实像那纤纤的眉毛，悠悠的小船，弯弯的月牙；

④ "细"即精细，柳叶怎么看都像精美的工艺品，小巧玲珑，惹人喜爱……

（3）那我们美美地朗读这两句诗，读出它的细致，精美。（指导学生美读诗句，重点指导读好第三行的问话语气）

5. 拓展、想象：难道二月春风这把神奇的剪刀只剪裁出了美丽的杨柳吗？想想春风这把神奇的剪刀还会剪出什么？（裁出娇艳的鲜花，裁出绿绿的小草，裁出烂漫的春光，如花的盛世）

6. 可见这两句诗除了赞美柳叶的精致，更主要的是赞美什么？

引导学生理解：诗人通过赞美柳树，也赞美了春的创造力。

7. 采用自己喜欢的方式读好这首古诗。（①自由读。②指名读、互评互议、教师相机指导。③齐读）

（设计说明：紧扣"细"字进行品读求异，不仅拓宽了诗之意蕴，还品出了诗人炼字的绝妙功底，使学生无不被大自然的巧夺天工，为诗人的生花妙笔所折服。再通过拓展思维、放飞想象，由"咏柳"到"咏春"甚至"咏

国",体会大自然之美,盛世如花之美,从而升华了诗文的主题)

## 四、回旋诵读,表达美

1. (配乐出示画面)在徐徐的春风中放眼望去:那一排排的才展开新叶的柳树婀娜多姿,让诗人感慨万千,不由得吟出:

生齐读:碧玉/妆成/一树/高,万条/垂下/绿/丝绦。

2. 漫步于湖畔垂柳间,诗人不禁赞叹这精美的柳叶,他情不自禁地颂出:

生齐读:不知/细叶/谁/裁出。

此时,诗人更加赞叹这迷人的春天竟如此神奇,不由自主地赞道:

生齐读:二月/春风/似/剪刀。

3. 伫立湖边,呼吸着清新的空气,那柔美的柳枝随风舞动,诗人一遍又一遍地吟诵着:

生齐读:碧玉/妆成/一树/高,万条/垂下/绿/丝绦。

不知/细叶/谁/裁出,二月/春风/似/剪刀。

4. 杨柳依依,草长莺飞,春光似海,盛世如花,让我们带着喜悦之情背一背这首诗。(学生配乐背诵《咏柳》诗)

5. 多好的春风呀,它吹绿了柳树,吹出了勃勃生机,你还知道哪些赞美春天的诗,把你搜集的描写春天的古诗背给大家听听。

(设计说明:"一切景语皆情语""读为心声",通过一赞三叹的回旋诵读,拓展阅读,表达出学生对春天的无限热爱之情)

## 五、布置作业

1. 练习书写:咏、碧、妆、裁。
2. 背诵古诗、默写古诗。
3. 春天的景色还有什么特点,试着写一写、画一画。

## 六、总设计说明

1. 诗是诗人"情动而辞发"的产物。因此，在教学本诗时，应紧扣"咏"字，引导学生"披文入情"，解诗题，懂诗意，悟诗境，表诗情，通过"赏柳—咏柳—品柳—诵柳"，使学生体验古诗中蕴含的丰富情感，得到美的熏陶和心灵的陶冶。

2. 学生是学习的主人。诗中文字浅显，语言凝练，教学时应整体入手，引导学生自主识字，自主读文，发挥学生学习的主动性和积极性。

3. 以读为主，入境引情。古诗的情感常常蕴含在富有节奏美和韵律美的语言之中。教学中通过反复朗读、吟诵才能入境、察情。因此，教学中，我把读作为一根主线贯穿始终。从导入新课的初读感知，到理解诗句，体会意境的细细品读，再到学完全诗后的反复诵读，循序渐进，读出节奏，读出画面，读出意境。

4. 启发想象，由景引情。在古诗中，诗人常常把自己的感情融入所描绘的景物之中，创造出情景交融的艺术境界。教学时，借助电教媒体引导学生从景入手，从字词的理解以及再现诗的画面入手，体会诗人是如何描写柳叶、柳条、柳树的；引导学生体会诗中"裁""似剪刀"等词的情感色彩，品味一个"细"字所蕴涵的精彩，从而走进文本，体验诗情。

5. 以曲引情，用优美的乐曲，创造特定的学习情境。教学中，播放春天风光片配以优美抒情的曲调，轻快舒展的节奏，诗一般的音乐语言，生动形象地描绘了春天的田野、湖泊、森林。学生置身于优美的春景之中，美好、愉悦、向上的情绪便油然而生，他们就能较快地走进诗人的情感世界和诗人的情感产生共鸣。

# 一个表情，一种心情，一个故事
## ——三年级习作指导课教学设计

福建龙岩新罗区教师进修学校　施笑妹

**设计理念：**

生活化作文要求学生做生活的观察者，做到能观察，会观察。三年级的孩子刚刚开始学习写作，他们需要老师有效的引导和指导。本节课的设计，就是借助维果茨基的支架理论，为学生搭建观察与写作的支架，引导学生观察各种表情，推想内心的情感，联想心情背后的故事。

**教学目标：**

1. 由"喜""怒""哀""乐"四幅表情图激发兴趣，感受表情不同，心情各异。

2. 看照片，学习抓住人物的动作、眼睛和嘴巴的特点准确描述表情，清楚地讲述人物表情背后的故事。

3. 通过教师的习作讲评体会表达情感的方法，并在自改、互改中提高习作水平。

**教学重难点：**

1. 重点：抓住人物的动作、语言、眼睛和嘴巴的特点准确描述表情。

2. 难点：清楚地讲述表情背后的故事。

**教学时间：**

一课时

**教学准备：**

每个学生准备一张自己喜爱的相片。

**教学过程：**

## 一、课前交流

1. 出示词语"察言观色"，想想从字面上看需要用到哪些器官（眼睛、嘴巴、耳朵)。

2. 出示"察言观色"词语解释。思考：从哪里可以知道妈妈生气了？

3. 小结：相由心生，眼睛是心灵的窗户。这节课，咱们要学习如何察言观色。

## 二、看表情图，感受心情

师：一起玩个游戏"看表情，猜心情"，仔细看看表情图，猜猜它们各表示什么心情？

师：（出示笑脸图）瞧，他的眼睛眯成一条线，乐得咧开嘴。这幅表情图属于哪种心情？

师：（出示眉头紧锁图）你看这幅表情图，愁眉苦脸，嘴角往下挂。它代表什么心情呢？

师：（出示怒目图）这幅表情图，板着面孔，冷冷地瞪着双眼，咬牙切齿。谁来说说这幅表情图代表什么心情呢？

师：（出示泪流满面图）你们看这幅表情图，泪流满面，它表示什么心情呢？

师：（出示瞪眼图）这幅表情图，眼睛瞪得大大的，嘴巴成了O形，谁能猜得到它表示的心情？

师：（出示红脸图）瞧，这幅表情图上，脸涨得通红，低眉垂眼，谁能猜出它表示的心情呢？

小结：看来一种表情表达一种心情。（板书）

（设计说明：上课伊始，采用学生喜欢的形式"猜猜看"，展示的是神情各异的八幅表情图，简单几笔勾勒出了人的基本情感"喜怒哀乐"，有利于激发学生的兴趣，调动学生的情感，使学生初步感受到，不同的心情，表情也各异。在这一活动中，教师准确地描述不同的表情图，为下面学生描述表情做好铺垫)

### 三、看照片，猜测心情

1. 学习抓五官和动作描述表情，猜心情。

师：这么多的表情，你们都准确地猜出了不同的心情，真了不起。生活中我们，时刻都有表情。（出示小姑娘高兴的照片）瞧，这位小姑娘，谁能用自己的话说说她的表情，由此看出她又是怎样的心情？

（教师相机指导按照一定的顺序观察表情）

2. 小结：观察表情时，能关注眼睛、嘴巴和动作，就能准确体会人物的心情。（板书）

3. 自由选择照片练习。

师：（出示四幅学生喜怒哀乐的照片）任选其中一幅，仔细观察，用一两句话说说他们脸上的表情。

提示：关注眼睛、嘴巴和动作来描述。

预设1：第一幅照片的小姑娘脸色惨白，眼睛瞪得圆圆的，嘴巴成了O型。双手捂着耳朵。我想，她是不是受了惊吓？

预设2：第二幅照片中的姑娘板着脸，瞪着眼睛，嘴巴噘得高高的，正在发火呢。

预设3：第三幅照片的小姑娘双手举成"V"字搭在头上，像兔子的耳朵，一脸灿烂，乐得合不拢嘴。

预设4：第四幅照片上的小女孩泪流满面，双手捂着嘴巴在大哭呢！哭得很伤心。

小结：你们描述得都很生动，将他们高兴、难过、愤怒、委屈的样子说出来啦！通过刚刚的观察，我们还发现各种表情还有附带的动作，生气时会跺脚，高兴时捧腹大笑，愤怒时会摔东西。

（设计说明：出示生活中学生高兴、难过、气愤等表情特别明显的照片，将学生的视线从表情图引向日常生活中熟悉的同学的脸，并感受到小朋友脸上的表情更丰富、更生动。考虑到三年级的学生在观察的指向性和集中性上存在差异，有的学生观察较仔细，有的同学看后并没有留下什么印象，在这一活动中，要求学生用语言表达自己观察到的表情特征，逐步引导学生抓住

不同表情中眼睛、嘴巴的特点用准确的语句来描述，力求做到描述准确、生动）

## 四、表心情，讲述故事

1. 出示老师外出游玩的照片，练习说表情，猜心情。

预设：老师眼睛眯成了一条线，乐得合不拢嘴，她笑得多甜呀！

2. 老师讲述照片中隐藏的心情故事。

预设：瞧，老师笑得多开心呀，一手搭着一棵向日葵，一手比划着，满脸灿烂的笑容，眼睛都眯成一条线。告诉你们吧，这是暑假的一天，老师和几个朋友到上杭古田会址游玩，当看到成片向日葵高高昂起金灿灿的花盘，舒展着翠绿的叶片，老师就兴奋地走到田地里和这些美丽的花儿合影留念。

3. 学生拿出带来的照片，模仿老师说照片中的心情故事。

（同桌间交流）

4. 书写"心情故事"。

（生写故事，师行间巡视）

（设计说明：老师示范说照片中隐藏的心情故事，为学生顺利完成习作奠定了基础。在每个学生讲述与众不同精彩的故事基础上，让他们动笔写一写，并激励他们写得好些，张贴到班级"心情故事角"上。新的要求和挑战再次点燃学生的表达欲望。学生在作文中放飞心灵，表现"真我"，抒写"真情"。教师行间巡视，及时解决学生的问题，也能够掌握学生的写作情况，做到心中有数）

## 五、赏析作品，指导修改

（设计说明：选择讲评对象，选择较典型的文章来讲评，以便更有效地扩大学生的受益面。好文章是改出来的，引导学生自改、互改，是学生写好作文、提升作文能力的有效途径）

# 《丑小鸭》教学设计

福建龙岩师范附小　陈丽芬

**教材简说：**

这是根据丹麦著名童话作家安徒生的《丑小鸭》改写的一篇童话。文中塑造了一个丰满的童话形象：面对艰难曲折的生活环境和前程，他仍然一心一意地追求美好的理想。出世以后，他就被人看不起，哥哥、姐姐咬，公鸡啄，养鸭的小姑娘也讨厌他，除了鸭妈妈，谁都欺负他。可怜的丑小鸭，只能离家出走，但仍然摆脱不了小鸟讥笑、猎狗追赶的厄运。尽管遭遇如此凄凉，但他仍然没有忘记对美丽的深情向往。谁能想到，原来他不是丑小鸭，竟是一只美丽的白天鹅呢？

**教学目标：**

1. 认知目标：会认 14 个生字，读准字音，识记字形，联系词句理解字义。

2. 能力目标：正确、流利有感情地朗读课文，并能对重点词句反复体悟，了解丑小鸭的外貌特点，慢慢融入丑小鸭的内心世界。

3. 情感目标：使儿童初步懂得要从小善待他人，互相尊重，永不放弃对命运的改变，正确认识自己。

**教学重点：**

指导学生认字、朗读。

**教学难点：**

通过有感情地朗读课文，初步感受丑小鸭的内心世界。

**教学过程：**

## 一、走近安徒生，导入新课

1. 了解童话、安徒生。
师：同学们，你们喜欢读童话故事吗？快来看看，这些都是什么童话？
（点击课件，一本一本展示，生大声读书名……）
2. 介绍安徒生。
3. 板书课题，读课题。

## 二、初读课文，熟记生字词

1. 初读课文。
请大家拿起课文纸，注意读书要求：
（1）标出自然段。
（2）读准字音，读通句子，难读的句子多读几遍。
2. 认识生字。
（1）大家读书都读得很认真，谁来告诉大家这一篇课文有几个自然段？
（2）瞧，你们这么棒！词语宝宝也迫不及待地从课文中跳出来了，看！

　　　　　暖烘烘　卧

　　　　讨厌　讥笑　孤单　冻僵

　　　　剩下　幸亏　裂开　芦苇

　　　　欺负　篱笆

（3）谁愿意来读一读第一行词语。（生一读）
暖烘烘，多美的叠词、多么温暖的太阳，再读。
（生读：卧）
（4）谁愿意来读一读第二行词语。
①请这一排小朋友读。
②小朋友，你们喜欢挑战吗？增加难度啦！
要求：联系实际，配上动作或面部表情读词语。

(5) 读剩下的词语。

(6) 读好轻声词。

　　欺负　　篱笆

注意读轻声词语，每个词的最后一个字要读得又轻又短。

介绍什么是"篱笆"。（生二说）

介绍什么是"芦苇"。

小结：看，语言文字不只出现在书本上，还藏在奇妙的大自然中呢！刚才同学们都能读好词语了，愿意再挑战吗？

好！能读好下面的句子吗？

①一只只小鸭子都从蛋壳里钻出来，就剩下一个特别大的蛋。

②丑小鸭来到这个世界上，除了鸭妈妈，谁都欺负他。

3. 写字。

师："孩子们，"欺负"就是我们今天要求书写的生字，写好"欺"要注意"捺"笔的写法，本课中有带"捺"笔的字有灰、厌、冰、欺、翅、蛋。

（1）学生观察比较"捺"的位置和特点。

（2）比较"平捺"和"斜捺"的不同写法，撇捺结合时注意：撇短捺长。

（3）老师范写"平捺"和"斜捺"。

（4）学生书写生字。

（5）教师评价。

（6）学生自评。

## 三、学习第一、二自然段

1. 丑小鸭的出生。

孩子们，你们知道吗？《丑小鸭》最初翻译版有近七千字，但是在课本里被压缩成不到 500 字了。最初翻译版的《丑小鸭》中丑小鸭的村庄是怎样的呢？让我们一起去看看吧！（课件与图结合）

瞧！太阳暖烘烘的。鸭妈妈卧在草堆里，等它的孩子出世，多认真呀，请你读句子：太阳暖烘烘的，鸭妈妈卧在草堆里，等它的孩子出世。

（1）轻轻地读。

（2）柔柔地读。

（3）静静地读。

蛋壳裂开了口。（课件出示声音）

鸭宝宝一个一个从蛋壳里钻出来啦！

几声后，鸭妈妈的最后一个小宝宝一摇一摆、吧唧吧唧地走过来，你知道它是谁吗？（出示课件图）

2. 丑小鸭的样子。

看到丑小鸭的样子，你会争着、抢着说什么呢？

读好句子：

他的毛灰灰的，嘴巴大大的，身子瘦瘦的，大家都叫他"丑小鸭"。

课文中用了灰灰的、大大的、瘦瘦的这些词说了丑小鸭的丑。

3. 拓展小练习。

如果你是小画家，你会用上这些词来画丑小鸭的哥哥姐姐吗？

课件：丑小鸭哥哥姐姐的毛（　　），嘴巴（　　），身子（　　）。

请你画妈妈呢？

请你画陈老师呢？

## 四、学习三、四自然段

1. 默读思考。

丑小鸭长这么丑来到这个世界上，大家会怎么对待它呢？请大家默读第三、四自然段。

用横线画出大家欺负丑小鸭的动词？

2. 抓重点字词理解。

（1）抓重点词，说说大家欺负丑小鸭的动词有哪些。

（2）理解"讥笑"。

（3）理解"啄"。

3. 想象丑小鸭的结果。

丑小鸭被咬、被啄、被追赶，被讥笑后想说什么呢？

4. 配音范读，走近丑小鸭。

读课文第三、四自然段。

丑小鸭"成长"路上处处受排挤，他能重新"飞翔"吗？下节课让我们继续学习。

**板书设计：**

28. 丑 小 鸭

咬　　　　　　　　追 赶
（欺 负）
啄　　　　　　　　讨 厌
讥 笑

# 读秋声，品秋韵，抒秋意
## ——《听听，秋的声音》教学设计

福建长汀师范附小　曹荣英

**教学目标：**

1. 有感情地朗读课文，体会童话般的诗境。

2. 运用多种教学形式品字、品词、品句并体会诗的轻、柔、美，并在朗读中展开想象，通过小组合作与同学交流体会。

3. 说一说，秋天听到的其他声音，并仿照第一、二小节写一写秋天的声音，体会童真、童趣。

**学情分析：**

从心理学角度来讲，这个年龄阶段的学生依然以感性思维为主。因此，教学中应努力激发学生的学习兴趣，采用灵活多样的教学方式。另外，这个阶段的学生阅读方面虽然有了一定的方法和速度，但阅读理解和感悟能力还不够，他们对秋天声音的直观感受不强。

**教学重点：**

从秋天的声音中体会秋天的美好，在朗读过程中能展开想象，体会到诗歌遣词造句的韵味。

**教学难点：**

体会诗中浓浓的秋意，仿照诗歌的形式，说一说，写一写。

**教学过程：**

## 板块一：整体感知——赏秋、说秋、听秋

1. 欣赏秋的图景，描绘秋的美景。

同学们，老师带来了几幅秋天的图片，请你们一边看，一边想：这是一

个怎样的季节？（出示图片，播放背景音乐）

学生自由地描绘秋的美景。（预设：这是一个丰收的季节、一个迷人的季节、一个五彩缤纷的季节……）

（设计说明：欣赏秋的图景着重从秋天的动物、秋天的果园、秋天的花园、秋天的田野这四方面切入。让孩子既能赏秋、知秋，又为学习《听听，秋的声音》一文奠定基础）

2. 细读课题，以美入文。

是呀！秋天不仅有缤纷的色彩，香甜的气味，它还有好听的声音呢！今天就让我们一起学习第12课《听听，秋的声音》。

指导读好课题：再一次听的时候可要轻一点；课题的这个逗号提示我们要仔细去听。好，请再次读课题。（生再读课题）

（设计说明：通过细读课题这一环节，孩子们就能知道题中"听听"的读法，及逗号的妙用，这样读课题有实效）

### 板块二：整体感知，以词入诗，以诗入文

1. 初读课文，检查字词。

读得真好！接下来就用美美的声音自由地读读课文，注意把字音读准，把句子读通，遇到难读的地方多读几遍。开始吧！（生自由读课文）

大家都读好了吗？下面我来检查一下：这些词语会读了吗？

手臂　刷刷　蟋蟀　㘗㘗　匆匆　歌韵　叮咛　掠过　歌吟　辽阔　音乐厅　绽开

你们真能干，现在，我把词语送进句子里，谁来试试？

大树抖抖手臂——刷刷，

蟋蟀振动翅膀——咔㘗㘗，

大雁匆匆，撒下叮咛，

秋风掠过，送来歌吟，

谷粒绽开，唱起歌韵，

走进这辽阔的音乐厅。

（1）学生逐句读：指名学生一句一句读。

(2) 教师点评：我们不光要读准字音，还要读出诗的韵味。

2. 现在请同学们听老师读课文，边听边思考：在秋的音乐厅里，你听到了谁的声音？

（设计说明：这一板块中，我先出示了文中带拼音的 12 个词语，通过学生自读课文后检查词语。然后把这 12 个词语编织成了一首小诗，引导孩子们读准，读出韵味来，为下一环节做好铺垫）

## 板块三：小组合作读秋之声，悟秋之韵

1. 你听到了谁的声音？（生回答：落叶，蟋蟀，大雁，秋风）（师板书）
这些都是秋天特有的景象，秋天特有的声音，所以，题目是——（生齐读）听听，秋的声音。

2. 小组合作学习，感受秋之韵。
还等什么？我们赶紧和小伙伴一起走进这音乐厅吧！谁帮我们读一读合作学习的要求？
（1）合作读诗 1－3 小节，每人读一小节。
（2）你最喜欢的是哪种声音？自己练习读喜欢的声音，读出韵味。
（3）把你最喜欢的小节读给你同组的伙伴听，并说说你仿佛看到了什么？听到了什么？

（设计说明：小组合作学习细化环节，让学生有序有目的地进行合作学习。这样就使合作学习的任务变得明朗化、清晰化了）

①落叶
你最喜欢哪种声音？（生：落叶的刷刷声）（课件出示第 1 节）
你仿佛看到了什么？
预设：我仿佛看到了一阵阵秋风吹来，大树抖动着树枝，一片片小黄叶像一只只蝴蝶一样从树上飘落下来。
你听，"刷——刷——"，小黄叶啊，你们这是和树妈妈告别吗？你们在说些什么呀？（课件出示：小黄叶说："_____。"）
预设：
小黄叶说："再见了，妈妈，我要离开你了。"

小黄叶说:"再见了,妈妈,我会掉在地上给你做肥料,让你长得更好。"
小黄叶说:"再见了,妈妈,您别伤心,来年春天我还会回来的。"
小黄叶说:"再见了,妈妈,我要去寻找秋天,我要去旅行。"
噢,原来这就是小黄叶道别的话音啊!(板书:话音)
小黄叶们,让我们一起和大树妈妈道别吧!(生齐读)
(设计说明:让孩子们通过边想象情境边朗读,读好"刷刷"这一象声词,还让他们做做动作体会大树妈妈"抖抖手臂"的样子。设置情境让孩子们置身于小黄叶的角色想象说话,并自然引入"话音"一词)

②蟋蟀
除了落叶的"刷刷"声,你还喜欢哪种声音?(课件出示第2节)
那就请你来读读吧!(生读)
你们想听听蟋蟀的歌声吗?(课件播放蟋蟀的叫声)
想象一下,此时的小蟋蟀们都在唱些什么呀?
预设:
生:小蟋蟀在唱着:"再见了,感谢你一直以来照顾我!"
师:噢,这是一首感恩的歌!
生:小蟋蟀在唱着:"再见了朋友,冬天快要到了,我要走了。"
师:这是一曲告别的歌呀!
生:小蟋蟀在唱着:"再见了朋友,明年我再来看你。"
师:这可是一首依恋之歌呀!这是多么美妙的歌韵啊!(板书:歌韵)
(生齐读)
(设计说明:由于本节诗中"歌韵"一词很难理解,所以,我就用"小蟋蟀们,你们都在唱些什么呀?"引入,再加之以"小蟋蟀还唱着感恩的歌;依依不舍的歌;动听的歌呢!"这样评价语,紧随其后的是课件播放小蟋蟀的清脆悦耳的声音,最后让他们也当回小蟋蟀学学唱唱,这样孩子们就深刻地感受到了"多么美的歌韵")

③大雁和秋风
"刷刷"是黄叶道别的话音,"嚁嚁"是小蟋蟀告别阳台的歌韵。你还喜欢哪种声音?(生答)(课件出示第3节)(生读)你仿佛看到了什么?听到了什么?

1）大雁

大雁就要离开它的朋友们飞往温暖的南方，它深情地对青蛙说："冬天要来了，你们要加紧挖洞。"对蚂蚁说："冬天要来了，你们要准备好过冬的粮食，好好度过这个冬天。"对喜鹊说："冬天要来了，你们要衔好树枝造房子。"对小朋友们说："天气凉了，要加件外套别感冒了。"……

瞧，多么温暖人心的话语，这就是暖暖的叮咛啊！（板书：叮咛）

（设计说明：创设"大雁对小朋友们说话"这一环节，孩子们就能层层递进地读懂"叮咛"一词）

2）秋风

秋风姑娘来了，她掠过田野，看到了什么呀？

预设：我看到了一望无际的稻田；秋风中稻海翻起金色的波浪；高粱举起燃烧的火把；玉米穿上了金黄的珍珠袍子……

好一派丰收的景象啊！这就是秋风姑娘送来的丰收的歌吟。（板书：歌吟）

（设计说明：调动孩子们已有的生活经验和知识，让他们自由地说说"秋风姑娘来了，她掠过田野，看到了什么呀？"引出"丰收的歌吟"）

3. 一、二、三小节的感情朗读。

秋的声音编织了一首首动听的歌，多么让人陶醉啊！让我们一起美美地读一读吧。（课件出示1-3节）（齐读）

（课件说明：A大树、B蟋蟀、C大雁和秋风 三个环节是随机的，可以依照学生的回答而随机出示）

4. 感悟第五小节。

听听，走进秋，走进这辽阔的音乐厅，你好好地去听秋的声音。秋的声音，在……（老师引读，生接读）

这些声音呀都很轻很轻，要我们用心才能听到，所以我们要轻轻地读。（师生再次合作读第五小节：师读第一行，生读后四行）

秋天的声音还藏在哪里？在小组里先试试着说一说吧！（让孩子自由说说，引导填空："在每一_____"雨滴、露珠、果子、小溪……）（课件出示：在每一_____）

（设计说明：秋的声音可以分为两类：一类是可听的；一类是隐而不露，

需要孩子们用心发现的。而第五小节就是后一种,所以我利用小组合作说一说,引导孩子们用"秋的声音,在每一_____"这样的句式寻找、发现秋的声音)

### 板块四:编织童趣、诗意的秋之声

1. 原来,秋的声音藏在了秋的每一个事物里,听听,请你仔细地听听,你还听到了谁的什么声音?和小组里的伙伴细细地交流交流。(生说,教师引导说的形式)

(设计说明:我以"你还听到了谁的什么声音?"引发小组交流,引导说的形式,为书写秋之声做铺垫)

2. 秋姑娘听了,她情不自禁地来了,还为我们送来了许多美妙的声音呢!(学生自由地读读)(课件出示:"沙沙""咔嚓""唧唧""嘎嘎""呼呼""噼啪""哧溜""呱呱""咕咚""哗啦哗啦""滴答滴答""叮叮咚咚""嘿哟嘿哟")

(设计说明:每个班级都有学困生,基于此,我创设了"秋姑娘送秋声"这一情景,让学习有困难的孩子借助这些大自然中秋的声音来想象说话,为写诗打好基础)

3. 秋的声音实在太丰富、太美妙了,你能仿照着课文第一、二小节的样子写一写吗?(课件出示一、二小节)

4. 小组合作:写完了吗?把你写的小诗有感情地读给小组里的伙伴听听!不满意的地方可以改一改。

5. 请三位同学上台展示。

听听,秋的声音,从远方匆匆地来。(三位学生接读自己写的诗。)

评价预设:多么有意思的小蚂蚁呀!秋的声音多美妙!多么富有诗意的话语呀!

"嘿哟嘿哟",是蚂蚁搬运冬粮的号角。"滴答滴答",是秋雨问候大地的琴声。

6. 总结全文。

同学们,在秋的音乐厅,我们不仅欣赏了美妙的声音,还写下了属于自己的诗篇。秋的号角已吹响，课后，就让我们一起走进秋，一同感受秋的美好、秋的绚烂。下课！

（设计说明：让孩子们在大自然中，感受秋的美好、秋的绚烂）

**板书设计：**

12. 听听，秋的声音

落叶　　　话音

蟋蟀　　　歌韵

大雁　　　叮咛

# 引领发现，迁移表达

## ——《花钟》第一课时教学设计

福建长汀师范附小　曹荣英

**教材分析：**

　　《花钟》是人教版小学语文三年级上册第四单元第一篇课文。本组课文围绕"发现"这一主题来组织教学内容。《花钟》这篇课文是按照"归纳现象——揭示原因——实际运用"的思路，说明不同的花会在不同的时间开放及原因，最后谈到植物学家修建"花钟"的奇妙做法。教学这篇课文要引导学生在读懂课文内容的基础上，体会作者如何用不同的说法来表达鲜花的开放，激发学生的观察兴趣，初步培养学生留心周围事物，认真观察和思考的习惯。课文思路清晰，语言精美。在进行教学活动的设计时，主要采用以读代讲的方式，在引导学生与文本对话的过程中，落实词语理解、朗读训练、写法感悟和迁移运用，让学生在潜心品味语言，感悟语言魅力的过程中，实现语文的工具性与人文性的统一。

**教学目标：**

　　1. 会认"怒、暮、燥"等8个生字，会写生字"播、醒"。

　　2. 理解、积累好词佳句；正确、流利、有感情地朗读课文。

　　3. 经历逐段读书了解课文大意的过程；在感悟、品味、运用语言的实践中，学习用不同说法来表达同一个意思。

　　4. 增强留心观察身边的自然现象的兴趣，逐步养成观察周围事物的习惯。

**教学重难点：**

　　在品词品句，感情朗读的语文实践中，体会、学习用不同的说法灵活表达同一个意思。

**教学准备：**
多媒体课件、生字卡片等。
**教学过程：**

## 一、揭示课题，导入新课

1. 引入单元导读，聚焦"发现"这个单元主题。

师：今天我们开始学习第四组课文，先请一位同学读一读单元导读。（生读）

通过单元导读，你知道了什么？

2. 激发学趣，引入新课。

师：本组课文就是围绕"发现"这个主题编排的。（板书：发现）

现在，就让我们一起去了解作者发现的秘密，看看这节课上谁的发现多。下面让我们先走进本单元的第一篇课文——（生读出课题《花钟》）

3. 齐读课题，引导质疑。

师：读了课题，你有什么疑问？

## 二、初读课文，整体感知

1. 按要求，自读课文。

师：看来大家都想知道花钟是怎么回事，带着这个问题赶快读读课文吧！注意读准字音，读通句子，遇到难读的地方多读几遍，开始吧！（生自由读）

2. 检查自读情况。

师：课文读完了，这些词语会读了吗？

（出示）

争奇斗艳　芬芳迷人　欣然怒放　含笑一现

（生读）

师："欣然怒放"中的"欣"是前鼻音，"然"是翘舌音。请你们再读。

（出示）

干燥　艳丽　潮湿　淡雅

（生读）

师：这组词语里有两对反义词，你发现了吗？（生读出两组反义词）

师：（指课件中图片）看，蔷薇多么艳丽，昙花是如此淡雅。

（出示）

暮色　吻合　大致　昆虫　传播　苏醒（开火车读）

师："暮色"是指什么时候的天色？谁能给"大致"找个近义词。（指名回答）

3. 指导写字，规范书写。

师："播"和"醒"是要求会写的生字，请同学们仔细观察，写的时候需要注意什么？（"播"右上方是"米"字加上一撇，不要写成爪字头；"醒"的左半边是"酉"字，不要写成"西"）（相机出示课件）

师：（出示"酉"字的汉字演变过程）看，加上一横，酒坛子里的酒就不洒了。

师：这两个字都是左右结构，要写得左窄右宽才好看。请大家在练习纸上认认真真地写一写，别忘记刚才的提醒。

（生书写，师巡视。提醒学生注意写字姿势。生写完后及时评价）

4. 分段读文，整体感知。

师：词语大家都读准了，字也写好了，下面请几个同学分段读课文，看能不能把课文读正确、读流利。其他同学边听边找一找每一段分别围绕哪句话来写的。

（指名分段读课文）

一天之内，不同的花开放的时间是不同的。

原来，植物开花的时间，与温度、湿度、光照有着密切的关系。

一位植物学家/曾/有意/把不同时间开放的花/种在一起，把花圃/修建得/像钟面一样，组成花的"时钟"。

师：像这样的句子叫每个自然段的中心句。谁能为大家读读这几句话？（指名读）要注意长句子的停顿。（师范读第三句）大家再来试着读一读。

（生齐读）

师：把这三个句子连起来读一读，你有什么发现？（预设：这就是课文的主要内容。知道花钟是怎么回事了）

## 三、精读课文，品悟写法

过渡：看来，刚才提的问题解决了。让我们一起去看看花钟好吗？（出示花钟图片）这么多的花竞相开放，我仿佛闻到了浓郁的花香。这真是——
（出示）
鲜花朵朵　争奇斗艳　芬芳迷人（生齐读）

1. 默读课文第一自然段。

师：请默读课文第一自然段，边读边圈画出花儿的名称，用横线画出它开放的时间。（生读）

师：课文向我们介绍了哪些花儿？它们分别在什么时间开放？（生交流）

2. 品读句子，引导发现。

师：现在就让我们到课文中欣赏这些美丽的花吧！自由读读这些描写花开的句子，看看你能发现什么。（出示）

凌晨四点，牵牛花吹起了紫色的小喇叭；五点左右，艳丽的蔷薇绽开了笑脸；七点，睡莲从梦中醒来；中午十二点左右，午时花开放了；下午三点，万寿菊欣然怒放；傍晚六点，烟草花在暮色中苏醒；月光花在七点左右舒展开自己的花瓣；夜来香在晚上八点开花；昙花却在九点左右含笑一现……

（生自由读）

3. 交流读后的发现。

预设1：发现花开放时间不同。

师：你注意到花开的时间。读读这些表示时间的词语，你又发现了什么？（预设：发现作者是按照从早到晚的顺序写的。有的花是在整点开放，有的花则是在一段时间内开放）

师：看看这些表示时间的词语在句子中的位置，你还能发现什么？

生：这些表示时间的词语有的在句子前面，有的在句子中间。

师：可不可以都放在句子前，或都放在句子中间呢？

师：是啊，把表示时间的词放在句中不同的位置，读起来才不那么单调，才更富有变化。这是我们的又一个发现。

预设2：发现花开的样子不同。

师：下面我读表示时间的词语，你们读表示花开的句子，你又能发现什么？（师引读：牵牛花是——吹起了紫色的小喇叭，蔷薇是——绽开了笑脸，睡莲是——从梦中醒来……）

师：同样是写花开，作者却用了九种不同的写法。

预设3：发现写法的不同。

师：你喜欢哪一种花的写法呢？

（预设牵牛花）

师：（出示牵牛花图片）为什么说它吹起了紫色的小喇叭？

生：因为牵牛花是紫色的，样子像小喇叭。

师：你抓住牵牛花的颜色和形状来理解，很好。请你读一读这句话，可以加上动作。（生做吹喇叭动作读）谁的小喇叭吹得更响一些？（指名读）吹得真好听！来，让我们都来吹起这紫色的小喇叭吧！（生齐读）

师：读的时候把自己也当成这种花，就能读好花开的样子。还喜欢哪一种花的写法？

（预设蔷薇）

师：你的笑脸也像蔷薇一样美丽，绽开笑脸读一读吧。

（预设睡莲）

师：从甜甜的梦中醒来，多么舒服呀！

（预设万寿菊）

师：怎样开叫"欣然怒放"呢？花儿尽情地开，我们就尽情地读吧。

（预设烟草花）

师：像个贪睡的孩子，一副睡眼惺忪，懒洋洋的样子。

（预设月光花）

师：多优雅的花呀！女孩子们，胳膊就是你们的花瓣，请你们也慢慢地舒展开花瓣，读一读这句话吧。（女生带动作读）

（预设昙花）

师：昙花开放的时间很短，而且多在晚上，稍不留意就错过了。所以说昙花是"含笑一现"。一起读读这个词吧。

4. 合作朗读，积累语言。

师：让我们一起回味花儿绽放的精彩吧！我读表示时间的词语，你们读

描写花儿开放的句子。（师生对读）

师：多么有趣的花儿！男女生合作读一读。男生读一种花开，女生接着读下一种。（男女生合作读）

5. 迁移方法，学习表达。

①小结方法

师：看，作者观察得多细致呀，每一种花都有各自的特点，它们在作者的笔下都成了可爱的孩子，多么生动、有趣呀！

②迁移方法，学习表达

师：一天之内，是不是只有这些花儿在开放？你从哪儿知道的？

生：一天之内还有很多花儿在开，我是从省略号知道的。

师：你读懂了省略号的秘密，真不错。一天之内还有很多花开放，让我们一起欣赏吧！（大屏幕出示牡丹、百合、迎春花、郁金香、兰花的图片）

师：喜欢这些花吗？请你仿照文中的写法，说说你喜欢的花是怎样开放的，可以用上本节课学习的词语，也可以用上你平时积累的词语。（学生练习）

## 四、课堂小结

师：这节课，我们通过认真读书，积极思考，不仅发现了许多花开的秘密，还发现了作者怎样写的秘密。课后请同学们再读读课文第 2、3 自然段，相信你会有更多新的发现。

# 写好提示语
## ——人物语言描写课教学设计

福建长汀师范附小  曾三娣

**教学目标：**

1. 理解人物语言描写在写人作文中的重要作用。

2. 注意写出人物对话时的神态、动作、心理等，学会灵活运用人物语言提示语描写的方法。

3. 训练学生的语言表达能力和运用能力。

**教学重难点：**

人物的语言提示语要求具体和个性化。

**教学准备：**

多媒体课件。

**教学过程：**

### 一、导入：（师生问好！）

1. 同学们，考考你们，刚才老师跟你们问好时，你注意到老师说话时的动作了吗？你注意到老师说话时的神态了吗？你注意到老师说话时的语气了吗？刚才同学们注意到的老师说话时的细节就叫——人物语言提示语。

2. 评价一下，从我刚才说话时的提示语和问候中，我给你留下了怎样的形象？（你认为我是一位怎样的老师？）可见，人物语言的提示语对刻画人物形象起到至关重要的作用。今天这节课，我们重点探讨怎样把人物语言的提示语写清楚，写生动。

## 二、感受单一、干瘪、刻板的提示语描写

1. 先看同学们作文中常见的人物语言提示语的写法。（课件出示）

第四单元数学考卷发下来了，我忐忑不安地走进家门。妈妈说："孩子，发试卷啦！考了几分？""四……四……四十九分。"我说。"什么？49分！你想把妈气死吗？"妈妈说。我说："我……我……呜呜……"妈妈说："哭，哭，哭，就知道哭！看我怎么收拾你！"我说："妈，别打！别打！下次我一定考好！"看着我的可怜相，妈妈心软了。我终于躲过了一场急风暴雨似的惩罚。

2. 观察一下，这些提示语有什么特点？

生：单调，不具体。

## 三、"赏"中感悟写法

1. 过渡：再看看课文里人物语言描写中的提示语。（课件出示）

（1）老汉突然冲上前，从队伍里揪出一个小伙子，吼道："你还算是个党员吗？排到后面去！"《桥》

（2）那个家伙摆出一副非常刻薄的嘴脸，说道："啊，是吗？哼，当然我也料到了你没有带零钱。"《金钱的魔力》

（3）他（蔺相如）理直气壮地说："我看您并不想交付十五座城。现在璧在我手里，您要是强逼我，我的脑袋和璧就一块儿撞碎在这柱子上！"《将相和》

2. 读一读提示语，你发现它们有什么特点？

3. 小结：通过对比观察，我们发现，人物语言的提示语适当地加入动作、神态、语气，画龙点睛，使人物形象更鲜活。

## 四、"练"中感悟写法

请同学们仔细观察图画中人物的动作，仿照课文中提示语的写法，写提

示语。

1. （课件出示图一）句子："哥哥给我吃一口吧？"根据图画和文字写提示语。完成练习一：_____："哥哥给我吃一口吧？"观察图画，联系写提示语。（师巡视指导，讲评）

2. （课件出示图二）请认真观察人物的神态，增加自己的提示语，完成练习二：_____："哥哥给我吃一口吧？"学生观察图画，联系写提示语。（师巡视指导，讲评）

3. （课件出示图三）再观察图画，把提示语写得更加生动、形象。完成练习三：_____："哥哥给我吃一口吧？"学生观察图画，联系写提示语。（师巡视指导，讲评）

4. 小结：在写弟弟语言提示语时，巧妙地融入人物动作、神态、语气的提示，弟弟的形象就活了。当然，写提示语时除了加入动作、神态、语气的描写，还可以根据刻画人物的需要再加入人物的外貌、心理活动、情绪等的描写。

## 五、再次修改细习作中常见的提示语

1. （出示课始出示的提示语）这是刚才我们看到的同学们作文中的提示语。想不想把它改一改？修改之前，我请两位同学把这个情景模拟表演一下。请同学们认真观看表演，注意捕捉表演者说话时的动作、神态、语气等等，为修改提示语做准备。

2. 看了表演，学了方法，相信你一定能把它改得更生动、形象。拿出练习卡，完成练习二。

练习二：仔细读下面这段话，结合刚才你看到的、想到的，把留白处的提示语写生动，写形象。

半期数学考卷发下来了，我忐忑不安地走进家门。

妈妈_____："孩子，考了几分？""四……四十九分。"我惭愧地低下头，紧锁眉头，扯着衣角，艰难地挪动着步子，颤声说道。"什么？49 分！"妈妈_____："唉——你想把妈气死吗？"我望着妈妈，不知所措："我……我……

呜呜……""哭，哭，哭，就知道哭！"妈妈＿＿＿＿＿＿＿＿＿＿＿＿＿＿＿
＿＿＿＿＿，"看我怎么收拾你！"见此情景，我吓得面如土色，抱头鼠窜，苦苦哀求道："妈，别打！别打！下次我一定会考好！"看着我的可怜相，妈妈心软了。我终于躲过了一场急风暴雨般的惩罚。

3. 欣赏，讲评。

4. 小结：今天这节课，我们主要学习了怎样把人物语言的提示语写清楚，写生动。今后希望在同学们的作文中看到精彩的人物语言的提示语描写。

**板书设计：**

<pre>
            人物语言描写
                动作
        提示语    神态    画龙点睛
                语气
                ……
</pre>

# 《神秘的食物》教学设计

福建长汀实验小学　严淑珍

**教材分析：**

本次习作是语文四年级上册的一次语文实践活动。旨在让学生在有趣的生活化情境中，留心观察周围事物，体验活动的快乐，书面表达自己觉得新奇有趣的，或印象最深，最受感动的内容。

**教学设想：**

1. 联系生活，激发兴趣

小学生作文来源于生活，生活离不开吃。教师注重引导学生从自己的生活经验和感性认识入手，首先播放几组学生熟悉的"长汀美食"图片，又以"自己爱吃的食品"为话题，创设了轻松自然的生活情境，充分刺激学生的味蕾。接着制造一种神秘感：老师要请同学品尝一种没吃过的、好吃的食品。借此有效激发学生的兴趣，架起了生活与习作的桥梁。

2. 体验生活，习得方法

生活化习作意味着将学习的形式化为生命的活动，习作的过程也就自然演变为用心灵体验生活的成长历程。教学中，教师注重鼓励学生参与活动，自由地把自己所见、所闻、所思、所感写出来，学生通过生活经历、情感体验、思想认识来捕捉习作素材，习得写作方法。教师首先请个别学生品尝食品，引导其他学生仔细观察人物的动作、神态等，并展开丰富的想象；然后将食品分发给每位学生，学生通过看一看、摸一摸、闻一闻、尝一尝等活动，既懂得了抓住形状、大小、颜色等方面观察事物，又丰富了自己的体验。这样层层递进，既培养学生主动观察周围事物的习惯，让学生习得观察的方法，又充分发挥他们的自主性和创造性，使每一位学生都能主动地做到"我手写我口""我笔写我心"，从而促使学生的习作水平不断提高。

3. 展示习作，增强自信

展示评价是习作教学的重要环节，是对学生习作成果的一种认定，是习作指导的巩固和深化。教师努力拓宽评价的"面"，力求让更多的习作得到展示与评价。师生评价时，方式多样，有的从词入手，有的从句入手，有的则评价一个片段。师生紧紧围绕是否抓住了神态、动作等来写，是否写清楚了真感受来评价，努力发现习作中的闪光点，增强了学生习作的自信心，也让习作方法在讲评时得到了巩固与深化。

**教学目标：**

1. 对习作有兴趣，学会修改有明显错误的词句。
2. 懂得生活当中有很多有趣的现象，在生活中能善于观察、勇于尝试，从中获取知识。
3. 抓住人物语言、动作、神态等，展开丰富的想象，把事情写清楚。

**教具准备：**

豆子。

**教学重点：**

抓住人物语言、动作、神态等，展开丰富的想象，把事情写清楚。

**教学流程：**

## 一、激发兴趣，谈话导入

1. 播放"长汀美食"图片，谈话导入。
2. 说说自己还喜欢吃什么？
3. 今天，我给你们带来了一种你们肯定没吃过的、非常好吃的食品。想吃吗？

## 二、个别体验，观察表达

1. 请两位同学上台品尝这种食品。
2. 品前采访：现在就要请你们品尝食品了。此时此刻，你们的心情怎么样？为什么？

3. 提出品尝要求：

（1）（课件出示）①不准吐出；②在口里停留 5 秒钟以上；③可以用夸张的表情和动作表达你的感受，但是不能说话。

（2）指名读品尝要求。

（3）对其他同学提出观察要求：其他同学要仔细观察，注意他们的表情、动作，猜猜食品的味道如何？

4. 个别体验，其余学生观察。

5. 刚才，你们看到了什么呢？又想到什么？

6. 看着他们的表现，你肯定更加好奇了吧！你敢吃吗？敢吃的请举手。（采访敢吃的）此时此刻，你在想什么？（采访不敢吃的）你为什么不敢吃？

### 三、群体体验，畅谈感受

1. 请把桌底下的食品拿出来，品前先观察一下它的颜色、大小、形状。

2. 请再次认真观察，你可以说说你的新发现，你也可以用手摸一摸，用鼻子闻一闻。

3. 交流：你观察到了什么？

4. 学生品尝。

5. 交流自己品后的感受，还留意了身边哪些同学的表现？

### 四、学生习作，个别指导

教师边巡视指导，边做笔记。

### 五、反馈评价，指导修改

1. 讲评用词准确。

2. 讲评写句生动。

3. 讲评片段。

4. 小结把片段写清楚的方法。

## 六、作业布置，提出要求

请同学们把我们今天的体验过程完整地写下来吧！并给它取个有趣的题目！

**板书设计：**

$$\left.\begin{array}{l}\text{神秘的食物}\\ \text{观察（表情、动作）}\\ \\ \text{体验 （感受）}\end{array}\right\}\text{清楚}$$

# 学写对话的提示语

——以绘本《彩虹色的花》教学为例

福建龙岩实验小学　陈晓芳

**教学目标：**

1. 阅读绘本，感受彩虹色的花乐于帮助别人，与别人分享快乐的品质。

2. 借鉴范文，认真看图，展开想象，尝试使用多种形式的提示语，掌握引号、冒号等标点的使用方法。

3. 尝试在提示语中加上神态、动作、心理等的描写。

4. 学习修改和评价自己加的提示语。

**教学重难点：**

尝试使用多种形式的提示语，掌握引号、冒号等标点的使用方法，尝试在提示语中加上神态、动作、心理等的描写。

**课前谈话：**

玩绘本游戏，听绘本故事。

1. 玩绘本游戏《从头动到脚》。

2. 今天，老师想送给同学们一朵很特别的花。让我们一起和这朵花打打招呼吧——（课件出示绘本《彩虹色的花》）

3. 阅读封面，简单认识作者及译者。

4. 听故事。（课件出示开头两页图文）

**教学过程：**

## 一、绘本导入

1. 去图，出示这两段文字，让学生观察，谈发现。

第一页：

"好，今天我一定要把积雪全部融化掉。"太阳升起来，把原野照得亮亮的。

他吃了一惊：昨天还是一片积雪的原野上竟然开着一朵花！

"早安，你是谁？"太阳问。

花儿回答说："早安，我是彩虹色的花。冬天的时候，我一直待在泥土里，可我再也等不及了。现在终于见到你了，我多高兴呀！我想跟每个人分享我的快乐。"

第二页：

过了几天好像有谁从花儿的身边走过。

"早安，我是彩虹色的花。你是谁呀？"

"我是蚂蚁。我现在要去奶奶家。可是，雪融化了，原野中间有一个很大的水洼。我怎么才能过去呢？"

"是这样啊，那你爬上来，摘一片花瓣试试看，说不定能用得上呢。"

孩子们，让我们来看看这两页绘本的文字部分，你们发现这些文字都是关于什么的描写？（指名学生说，引出本课教学内容。板书：对话）

2. 生活中，我们经常要和别人交流，这就需要对话。写作中加上对话，可以使文章更生动，表达更清楚。那么要怎样写好对话，怎样把对话写精彩呢？今天这节课就和"对话"有关。

（设计说明：低中年级孩子都喜欢听故事，用绘本导入，将学生带入本节课的教学内容）

## 二、范文引路

1. 写好提示语。

出示彩虹色的花与老鼠的对话的文字部分。

师：如果没有配图只有文字，单单只有对话，我们怎么知道这句话是谁说的？他是怎么说这句话的？谁有什么好建议呀？

生：可以给对话加上提示语。

师：这个主意真不错！写好提示语对我们描写人物对话很有帮助。（板书：写好提示语）接下来我们就要一起学习怎样写好提示语。

2. 位置变化。

师：老师想考考大家，在语文园地二"我的发现"中，我们学过对话的提示语可以写在什么位置呀？

生：有的在前面，有的在后面，有的在中间。

师：（板书：位置变化）老师变了一个小魔术，你们看，我把彩虹色的花和小老鼠说的这句话变了个模样。

（投影）

"早安，我是彩虹色的花。你是谁呀？"

彩虹色的花挥挥手，笑眯眯地问："早安，我是彩虹色的花。你是谁呀？"

"早安，我是彩虹色的花。你是谁呀？"彩虹色的花挥挥手，笑眯眯地问。

"早安，我是彩虹色的花。"彩虹色的花挥挥手，笑眯眯地问，"你是谁呀？"

师：看！提示语可神奇了，它可以在前，可以在后，还可以在中间。换句话说，提示语特别听话，可以根据我们的需要变换位置呢！

3. 注意标点。

师：大家看看提示语的位置变化了，什么也跟着变化了？

生：标点发生了变化。

师：对呀！小标点可淘气了，如果不小心，可是会用错的哟！老师这有冒号、逗号和句号，请一个同学上来帮忙贴在相应的位置上。

师：让我们一起说一遍：当提示语在前时，用的是——（生齐）冒号。当提示语在中间时，用的是——（生齐）逗号。当提示语在后面时，用的是——（生齐）句号。别小看这小小的标点，它的作用可大呢！用好标点也是写好人物对话的一个要领。（板书：注意标点）

4. 加上神态、动作、心理等。

师：刚才我只是给彩虹色的花说的话加上提示语，现在我要给整组对话加上提示语。

过了几天好像有谁从花儿的身边走过。

"早安，我是彩虹色的花。你是谁呀？"彩虹色的花挥挥手，笑眯眯地问。

"我是蚂蚁。"蚂蚁垂头丧气地走过来，愁眉苦脸地说，"我现在要去奶奶家。可是，雪融化了，原野中间有一个很大的水洼。我怎么才能过去呢？"

花儿想：这可真是大难题。她想了一会儿，眼睛一亮，高兴地说："是这样啊，那你爬上来，摘一片花瓣试试看，说不定能用得上呢。"

师：同学们先自己读读上面这段对话，再和同桌一起表演读读上面这段对话。

（学生朗读，声情并茂）

师：采访你一下，你为什么这样读呀？

生：因为提示语上这样写呀！

师：对比这两段话，你们喜欢哪一段，为什么呀？

生：喜欢有提示语的这段，因为老师写了人物说话时的神态、动作，还有心理，更加生动具体。

师：是呀，加了这些神态、动作、心理的描写，文章就变得更加有滋有味了，对不？

生：对！

师：是啊，我们写对话时，不仅要写出说了什么，还要写写是怎么说的，在提示语中注意描写好人物说话时的动作、表情、心情、语气等，就能使读者如闻其声，如见其人。文章就更生动、具体了。

### 三、课堂练一练

1. 过渡：刚才看老师变了魔术，接下来要请你们来变魔术啦！要怎样才能写好提示语呢？（结合板书小结）

2. 出示图文，学生认真看图，想想彩虹色的花和小老鼠说话时的心情如何，表情、语气怎样？一边说一边还做什么动作呢？练习补充提示语。

这些日子，每天的阳光都很强烈。好像有谁从花儿的身边走过。

"你好。我是彩虹色的花。你是谁呀？怎么呼哧呼哧地喘着气呢？"

"哦，你好。我是老鼠，最近天气又闷又热弄得我晕乎乎的。要有把扇子就好了。"

"噢，那用我的花瓣不正好吗？"

3. 动手补充提示语。

4. 师巡视指导，发现学生补充提示语的精彩之处。

（设计说明：范文为学生写人物对话提示语提供了很好的示范作用，通过引导学生观察、比较、思考，从"提示语位置"到"加好标点"，再到"加上心理、动作、表情、语气等"，由浅入深，让学生体味对话提示语的作用，在此基础上，让学生仿写提示语，循序渐进，由扶到放，扎实有效地让学生学会写人物对话提示语）

## 四、讲评、修改

1. 投影两份学生作品，并进行点评。

评价时注意：

（1）写清提示语；

（2）位置有变化；

（3）正确用标点；

（4）加上动作、神态、表情、心理等。

2. 自评：读读自己补充的提示，先用红笔画出是谁说的，再看看标点是否用对，给自己最满意的提示语下面加上小圆圈。边读还可以边改一改、加一加。

3. 二次讲评，投影，对比修改前后的提示语及标点。

4. 请同学表演朗读自己加上的提示语。

5. 小结：同学们，你们看，加了这些提示语，对话就变得更加有滋有味了。

（设计说明：好文章是改出来的，中年级阶段要给学生初步渗透这一理念。叶圣陶先生曾经说："写完一篇东西，念几遍，对修改大有好处。"鉴于此，新课标要求："鼓励学生大胆地在老师、同学或家长面前读自己的习作，征求别人的意见和建议，并认真修改自己的习作。"）

## 五、课后写一写

1. 师配图讲述《彩虹色的花》故事结局：彩虹花失去了所有的花瓣，冬天过去，春天又来了，彩虹花又和太阳见面了。

2. 布置作业：

（1）发挥想象，以对话为主，注意写好提示语，往下续编故事。

（2）汇编一本《彩虹色的花》续集。

# 《观察苹果》习作指导教学课例

福建长汀师范附小　曹荣英

**教学目标：**
　　1. 初步学习用眼、耳、口、鼻、身等多种感官来观察苹果，并把观察中的发现写成一段或几段话。
　　2. 初步培养学生仔细观察的习惯，并教会他们在观察中有所发现。

**教学重点：**
　　学习用眼、耳、口、鼻、身等多种感官来观察苹果，把观察中的发现写成一段或几段话。

**课前准备：**
　　课件、苹果、水果刀、作文练习纸等。

**教学过程：**

## 一、课前活动：说秋天，猜水果

　　同学们，大家好！上课前我们先来聊一聊，玩一玩吧！
　　1. （多媒体：播放音乐《秋日的私语》，画面"一片树叶从枝头飘飘悠悠坠落"）同学们，当第一片树叶从枝头滑落的时候，秋天也就来了。喜欢秋天吗？让我们一起走进秋天！在你眼里，秋天是一个什么样的季节？（美丽的、丰收的、喜悦的、色彩斑斓的、瓜果飘香的……）秋天不仅是一个美丽的季节、收获的季节，更是一个神奇的季节。看，在一片一片落叶的背后，都藏着一个谜语，猜猜看！
　　2. （多媒体：每点击一片树叶，便会出现一个谜语）
　　（1）几个兄弟一个样，弯弯身子软心肠。看看个个像弯月，吃在嘴里甜又香。（展示香蕉图片）

（2）个儿大，肚儿圆，皮儿黄黄带小点。细细把儿长上面，水分多来味道甜。（展示梨子图片）

（3）小小坛子，装满饺子，吃掉饺子，吐出珠子。（展示橘子图片）

（4）红红脸，圆又圆，亲一口，脆又甜。（展示苹果图片）

3. 这些谜语为什么这么好猜？（因为这些谜语都抓住了水果的特点）秋天的水果有许许多多，今天这节课，我们就来观察苹果。（板书：画苹果图）

## 二、观察苹果，练习说话

现在，有请苹果闪亮登场！你们打算怎样观察它呢？（用眼睛看，用鼻子闻，用手摸一摸，用嘴尝一尝……）好，那我们就先来看看这些苹果。

1. 用眼睛看一看苹果。

师：说说看，你眼中的苹果是什么样的？

生：苹果红红的。

师：你注意到了苹果的颜色。看看老师手中的苹果是什么颜色呢？选择老师提供的词语，说一说。

提供表示颜色的词语。（课件出示：红彤彤、绿油油、金灿灿、白花花、黄中透红、红中带黄、红得发紫、紫得发黑、绿得发亮）

出示句子，完成这个句子：苹果的颜色可多啦！有的_____，有的_____，有的_____……

师：苹果是什么形状的？个头又怎样？

生：苹果圆圆的，像个小足球。

师：有人说观察要带个放大镜。这是什么意思呢？是呀，这就是说观察要细致，这样才能有更多的发现。

师：试试带上放大镜，一定还会有更多的发现。

生一：苹果身上还长了许多星星似的小斑点。

生二：苹果的底部有个小窝窝像个小肚脐眼，它的顶端长着把儿，像娃娃扎了个冲天辫。

师：佩服！佩服！你们不仅带上了放大镜，还插上了想象的翅膀。真是了不起！

引导想象：此时老师想起了一位诗人写的一首诗。

（多媒体出示一段文字：《苹果》苹果是太阳的孩子/它是一个爱脸红的小胖子/苹果是一个小火炉/把美好燃烧/苹果在树枝上是一只鸟/它把一句话藏在肚子里/那就是甜蜜）诗人的想象多么奇特呀！他把苹果想象成了太阳的孩子、一个爱脸红的小胖子、树上的一只鸟。

小结："观察是作文的基础，想象是作文腾飞的翅膀。"（相机板书）在接下来的观察中，别忘了试着展开自己的想象。

2. 用耳朵听一听苹果。

师：那它有声音吗？

生：没有。

师：竖起耳朵听听。（敲一敲）

生一：像木鱼发出的声音一样清脆。

师：（搓一搓）

生二：有嘶嘶的声音。

师：如果我张开嘴巴咬一口。

生三：会发出咔嚓咔嚓的声音。

师：同学们的耳朵真灵，轻轻松松就听出了那么多的声音。真棒！

3. 用鼻子闻一闻苹果。

师：来，把鼻尖凑近苹果闻一闻。

生一：很香。

师：什么样的香？很浓吗？

生二：清香，淡淡的清香，还有一股甜丝丝的味儿，还带有一点香蕉的味儿。

生三：我把鼻尖凑近苹果，一股淡淡的清香扑鼻而来。

4. 用手摸一摸苹果。

师：伸出小手摸一摸，有什么感觉？

生一：摸上去比较光滑。

生二：摸上去凉凉的。

生三：皮上有斑点，摸上去疙疙瘩瘩。

师：这样的苹果你喜欢吗？那就把刚才用眼看到的、用耳听到的、用鼻子闻到的、用手摸到的连起来说一说吧!

5. 用刀切一切苹果。

师：你们今天的表现太棒了。为了奖励你们，老师请你们吃苹果，怎么样？不过要吃苹果，先得切苹果。让我们先把苹果切开，看看又会有什么新发现。

（1）老师竖着切苹果。

师：请看慢动作。（老师慢动作演示）

师：谁来说说刚才老师是怎样切苹果的？（生说）

师出示练习，生完成选词填空。

出示句子：老师先_____刀，然后一手_____苹果，一手用力_____苹果，只听"咔嚓"一声，苹果一分为二。（拿起、按住、切开）

（2）观察切开后的苹果（果肉、果核）。

（3）老师横着切苹果。

师：现在，老师想变个魔术。看，见证奇迹的时刻到了！发现什么了吗？

生：老师把苹果横着切开，我们发现苹果里竟然藏着一颗五角星呀！

6. 用嘴巴尝一尝苹果。

师：施了魔法的苹果味道又如何呢？

生一：脆脆的，甜甜的。

生二：我轻轻一咬，香甜的汁水就溢了出来，香味并不浓，可是却非常甜。

## 三、练习片段

师：一个普普通通的苹果，带给了我们这么多有趣的发现。（板书：有趣的发现）这正是我们一边观察，一边想象的结果。（结合板书）请你选择最感兴趣的内容写成一个片段。开始吧！

1. 学生完成习作片段。（配上轻音乐）

2. 自改习作。（写完后，先反复地读一读，然后把不妥之处改一改。这可是自改作文的好方法）

3. 习作展评。

谁写的是切开前的？谁写的是切苹果的？谁写的是切开后的？
（展示佳作，师生点评）
如果把这几位同学写的片段连在一起，就是一篇不错的文章。

### 四、布置作业

师：咦，刚才我们明明看到切开后的果肉是乳白色的，现在怎么变成褐色的啦？是谁搞破坏？是你把它弄脏的吗？那是你吗？那到底是怎么回事呢？上网查查资料，别忘了把这个发现也写进你的文章哟！下节课我们就一起来完成这篇习作。

**板书设计：**

观察　想象

有趣的发现

（看、闻、摸、尝……）

# 串联生活，大胆想象，快乐表达
## ——以《这样想象真有趣》习作指导课为例

福建龙岩师范附小  华秀秀

新课标第二学段的习作要求是："观察周围世界，能不拘形式写下自己的见闻、感受和想象，注意把自己觉得新奇有趣或印象最深、最受感动的内容写清楚。"在 2018 年 12 月龙岩市教育科学研究院举行的"部编小学语文习作（写话）教学观摩评比"活动中，龙岩师范附小分校的章静老师执教的《这样想象真有趣》，通过与生活串联，激活学生思维，快乐表达，让习作洋溢生命的色彩。

### 一、动画导航激活思维

《这样想象真有趣》是语文统编教材三年级下册第八单元的习作训练：选择一种动物大胆想象，编一个童话故事。如何激活学生思维，进行个性化习作，写出新奇、有趣的童话故事，章老师可谓独具匠心。在导课环节，章老师抓住学生喜欢看动画片这一特点，链接动画角色"唐老鸭"，设计了"串联词组说故事"的游戏，继而启迪学生联系生活，让学生感知毫不相关的词组、事物，只要敢于想象，乐于思考，就能讲清事件，编出精彩的故事。请看精彩片段。

师：瞧，今天谁来到了我们的课堂？

（课件播放音视频：活泼的唐老鸭手握拐杖，活灵活现地出现在学生面前，一边自我介绍，一边说出它遇到的问题；三组不同类别的词语出现在大屏幕上，这三组词语分别是事物、地点、事件，从三组词语中分别挑选一个自由组合成句子。唐老鸭抢先示范：企鹅在树上吃火锅）

师：你们吃过火锅吗？在哪儿吃？对于"企鹅在树上吃火锅"这件事你

有什么想法？

生：企鹅在树上吃火锅，锅要放在哪儿？怎么煮？安全吗？一定很有趣吧……

师：吃火锅，我们都知道，可是还没见过谁在树上吃火锅。多有趣、多大胆的想法啊！是的，只要敢想，什么事情都可能发生。你们也来挑选三组词语中各一个，组成一句话。

（课件出示词语）

企鹅　筷子　火车上　杯中　跳舞　踢足球

恐龙　柳树　轮船上　云上　赛车　说相声

蜘蛛　蜗牛　教室里　空中　画画　吃火锅

蚂蚁　含羞草　飞机上　海底　散步　写作业

松鼠　橡皮擦　草地上　洞里　吹牛　买烧饼……

（学生大胆想象，自由说话）

师：把生活中的事物随意组合，就是一个个精彩的、有趣的童话故事。这源于天马行空的想象，这个想象是超越时间和空间的束缚。（课件出示：想象是一种特殊的思维形式，是人在头脑里对已储存的表象进行加工改造形成新形象的心理过程。它能突破时间和空间的束缚）今天我们要编写出精彩的童话故事，你一定要敢——想象。

通过动画角色导入，带领学生串联生活，想象生活，自由选择词语。学生说了许多不可能发生的有趣的事情，课堂气氛活跃起来。学生脑洞大开，认识到了串联生活中常见的事物，展开丰富的想象可以发生精彩的故事，想象原来可以这样有趣。

## 二、方法引领学会想象

《语文课程标准（2011年版）》明确指出："要培养学生的创造力，作文教学要鼓励学生写想象中的事物，激发他们的想象和幻想，发挥自己的创造力。"但想象不是胡思乱想，要合理。而合理就是基于现实，也要超越现实。章老师在揭示童话故事的特点同时，也明示了本课的学习重点——大胆想象编故事。那么，她是如何渗透方法，引导学生去奇思妙想的呢？

1. 串联失误引发想象。根据学生的兴趣，播放《猫和老鼠》的动画片（内容：猫在沙发上吃小鱼干，因为老鼠的捣乱，当它再次回到沙发上时，发现鱼干不见了，只剩下一堆鱼骨头），学生观看后，指导学生留意视频中有哪些人物，在什么地点，做什么，抓住关键词语把事件讲清楚。看完视频，学生纷纷交流自己看到的事物：猫、老鼠、沙发、小鱼干、鱼骨头……并把看到的事物用一两句话串联起来。很快，学生发现，只要把这些事物串联起来就能讲清《猫和老鼠》这个故事。虽然学生一开始靠视频中的事物无法讲清故事，但学生遇到问题时，即是学习想象之际。此刻，章老师引导学生调动生活经验，想象画面之外应该出现的事物，再根据这个句式来串联事物，讲清事件：谁在哪里做什么，还有谁，结果怎么样。学生很容易就把视频中猫和老鼠之间发生的事情讲清楚了。

2. 借助思维导图引导想象。为了让学生继续把握串联事物讲清事件的方法，章老师继续播放《猫和老鼠》的视频（内容：猫为了查出到底是谁吃了它的鱼干，心生一计：它放下一片又红又甜的西瓜做诱饵，手举苍蝇拍，悄悄躲在墙角，"嗖"——黑影出现了，猫迅速举起苍蝇拍，一顿狂拍。它定睛一看，大叫起来："怎么只剩下瓜皮和西瓜籽啦？"拔腿就追），引导学生说说看到的事物及事件，再自由组合这些事物，想象它们之间可能还会发生怎样的故事。最后利用"事物树"，指导学生进行小组合作探究《猫和老鼠》的故事：故事继续发展，可能会出现哪些事物？这些事物串联起来，还会发生怎样的故事？"事物树"其实就是思维导图。我们来欣赏学生想象之后的精彩分享。

师：谁来分享下你们自己独特的《猫和老鼠》的故事？

生：我想到的事物是"吊床""青蛙""乱跳"，串联起来的故事是：猫追累了，看到眼前有一个吊床，就跳上去睡着了。老鼠走过来，手里拿着一只可爱的青蛙，看见猫张着嘴巴睡着了，就悄悄地把青蛙放进了猫的嘴里，跑走了。青蛙在猫的嘴巴里乱跳，一不小心滑进了猫的肚子里。猫醒来后，发现自己在乱跳，觉得很奇怪。猫突然听见肚子里青蛙的救命声，张开大嘴打了一个喷嚏。一只青蛙跳了出来，告诉了猫事情的始末。猫生气极了，决心一定要逮住那只老鼠。

师：你想到了一个关键事物"青蛙"，并结合青蛙的特点想象出了一个奇特的童话故事，非常精彩。

在之后学生的交流中，想到了"奶酪""跨栏""潜水服"等等许多的关键事物，创造了一个个充满奇幻色彩的《猫和老鼠》的故事。笔者认为，学生思维的火花被章老师点燃了，打开了思路，学会了想象，超越现实的色彩越来越浓烈。

## 三、挖掘生活素材享受想象

学生的想象有了大致的轮廓之后，教师应该指导学生围绕情节想具体。在学生想象力得到激活之后，章老师引导学生挖掘生活素材，罗列事物，展开想象，串成最精彩的一个画面，写成一段话。

师：现实生活中的事物串联起来可以讲述生活化的故事，更可以讲述奇幻的童话故事。但是要吸引读者，需要把情节写具体，有画面感。你能根据自己平时对动物的观察了解，罗列一些事物，展开想象，串成一个画面，写成一段话吗？

在老师的启发引导下，学生打开思路，思维活跃，结合观察所得，在生活中寻找事物，创造出一个个超于生活的有关动物的新颖的童话故事。

这节习作指导课，章老师以趣为经，以法为纬，运用多种策略，挖掘生活素材，引领学生徜徉在想象的世界，感悟写作之理。

## 关注"学情",点燃"热情"
### ——以《家乡的名片》为例谈习作指导

福建泉州晋光小学　曾惠兰

《小学语文课程标准》在教学建议中指出:"写作教学应贴近学生实际,让学生易于动笔,乐于表达。"但经常是"熟悉的地方没有风景",身边丰富的习作资源往往被忽视。本次习作训练的主题为家乡的名片,意在引导学生去观察感受家乡的风景名胜、风土人情、民间艺术、饮食文化……及其所折射出来的历史底蕴与人文内涵。指导学生有序表达、关注细节、凸显特色。让习作的过程,成为激发学生热爱家乡、保护传承本土优秀传统文化的情感、增强文化自信的过程。在教学过程中我尝试做到:

### 一、以"知"为基石,拓宽写作思路

所有的教学都应该站在儿童的立场。虽说本次习作的素材是孩子熟识的家乡风景名胜、风土人情、民间艺术、饮食文化……但可能孩子们平时对其中深刻的内涵并不是非常了解。我们要为儿童打开一扇基于知识背景的习作之窗。因此在假期,教师有目的地让孩子们去探寻古韵文都的一些名胜古迹——"天下无桥长此桥"的安平桥、"人间才数月,洛阳已千年"的洛阳桥、千年古刹里的东西双塔、现存最早的清真古寺、古朴典雅的老君造像,让孩子们用小作者的眼光去观察古迹,上网去了解其中的悠久历史,充分感受"走在泉州的大街小巷,一不小心就会和历史撞个满怀"。同时,让孩子们去感受、去体验有趣的风土人情和丰富的民间艺术,去品尝各色饮食。知识的铺垫、丰富的体验、切身的感受,铺就了儿童描写之翼张开、表达之轮速滑的跑道。

## 二、以"例"为方略，习得写作技巧

作文教学离不开教师的指导。教师的指导如何把握一个度？笔者认为，要能在课堂上构筑收放平衡、生态和谐的习作磁场。我们不可束缚学生的思维，更不可硬性规定习作套路。通过引导孩子欣赏家乡的木偶戏《钟馗醉酒》，感受木偶艺术的精湛，再通过范文的赏析，明确写家乡的名片要用上凸显特点、关注细节、融入情感等习作技巧，而后把所要介绍的家乡的名片进行表达。在引导训练过程中，巧妙地递给孩子一把金钥匙，让孩子在实践中习得方法，在实践中检验方法，水到渠成，润物无声。同时要为学生提供有效的写作过程支持，搭建有效的写作支架，让学生乐写、会写。

## 三、以"境"为依托，点燃习作激情

《小学语文课程标准》提出第三学段的学生应懂得写作是为了自我表达和与人交流。夏丏尊说："读者意识就是最大的习作技巧。"换句话说，如果能让学生写作时有读者意识，大部分的写作技巧问题都会迎刃而解。而现实中的学生常处于"目中无人"的状态下写作，严重缺乏自我表达、与人交流的欲望。教学中，通过创设为客人设计一张家乡名片的情境，让习作教学有了真实的交际情境，让学生的习作有明确的交流对象和交流目的，而后让学生在习作后交流家乡的特色名片。学生自主展示了习作家乡名片的片段，积极创设愉悦的氛围，面向全体。孩子在相互交流中体验分享习作的快乐，在交流分享中切磋习作技巧，提高习作水平。

## 四、以"情"为纽带，增强文化自信

儿童是情感的王子，他们的文字不是简单的虚构，儿童习作的世界往往就是儿童生活的真实世界，是充满着真情的。但是在写家乡的名片时，孩子的文字很多是一堆网上资料的堆砌，没能融入自己的真情实感。因此，在教学中要始终注重对儿童情感的唤醒和激发，让儿童的内心受到强烈冲击，产生不吐不快的自我构建，儿童在习作时就能说真话、吐真情。如学生有写家乡美食的，教师引导学生细腻体会各种美食带给你的真切感受，尽量说出这种美食的独特之处，在表达上，引导学生结合自己的感受，在描写家乡名片时要能表达真情实感，使文字富有生命力。如有学生写风土人情的，要让学生充分调动自己的感官，把在其中的所见、所闻、所感融入字里行间。

总之，学生应站在习作课堂的正中央。习作指导应充分关注学生的学情，根据学生已有的习作经验，判断其可能存在的问题及盲点，给予学生精准的帮助，降低习作难度；努力创设情境，给予交流展示的平台，点燃学生的习作热情，让学生真正会写、乐写、善写。

# 基于交际语境写作理念的习作教学例谈
## ——以林睿老师《为汉字代言》习作教学课为例

福建厦门前埔北区小学　高　燕

在以"重表达"为文本中心的写作观背景下，无论是单元习作中教师的评语，抑或质量监控里的习作评分标准，都离不开诸如"中心明确，内容具体，层次分明，语句流畅"等要求。如此抽象的、概念化的，以老师为唯一读者的评判标准束缚了学生的表达，"假、大、空"的语言在小学生习作中已是司空见惯。如此写作，失去了脚踏实地的交际功能，脱离了真实的生活情境。荣维东先生在《交际语境写作》一书中指出："真实的写作应该是基于生活、工作、学习以及精神、心灵的需要而产生的一种真实语境下的表达和交流，它总是针对特定的读者、环境，为着实现特定意图的言语表达行为，是有机的结构体和意义表现场。"可见，想要解决习作教学中的一系列问题，不能忽视"交际语境"的作用，即在真实的交际场景中，教会学生自由地表达与交流，发展学生的书面交流能力。以福建省特级教师林睿老师执教的《为汉字代言》为例，谈谈交际语境写作教学指导的具体策略。

## 一、创设语境，引出话题

真实的写作离不开真实的生活。习作教学中，话题是一个抓手，是指导学生展开交流和讨论的引发点。有了话题，学生才能知道该"写什么"，清楚写作的范围。可见创设具体的语境，明确写作话题是写作的前提。

在《为汉字代言》习作指导中，林睿老师巧妙自然地创设了"发朋友圈"这一情境。微信当下是人们最常用的交际工具之一，微信朋友圈的强大社交功能不仅为成年人的社会交际带来便捷，小学生们也趋之若鹜，写作兴趣一触即发。

林睿老师情境的创设从课前谈话就悄悄开始了。林老师从看似不起眼的"自我介绍"开始，让学生以介绍自己、班级或老师的形式，为自己、班级、老师当一回代言人。林老师为勇于表现自己的学生点赞，竟发起了"红包"。那诱人的"红包"吊足了学生的胃口。"未成曲调先有情"，课未开始，学生已入境。幽默风趣的语言，拉家常式的谈话，既激发了学生的兴趣，更为后面的习作埋下伏笔。

林老师课堂中交际语境的创设当然不止于此，上课伊始，她便带领学生走进了微信朋友圈——

师：出示微信标志。孩子们，你们认识它吗？

生：认识。

师：这是什么？

生：微信。

师：你们都用微信干什么呢？

生：跟别的同学说话。

师：说话应该改成聊天。还有做别的事情的吗？

生：发朋友圈。

师：还有呢？

生：朋友在很远的地方，有很重要的事情就可以用微信跟她聊天。

师：是啊，又快，又便宜。还有做不一样的事情的吗？除了聊天、刷朋友圈，还有什么？

生：我还会加一个群去抢红包。（众生笑）

师：你刚才怎么没抢啊？还有呢？

生：老师在微信上布置作业，可以在上面看作业。

师：看，有这么多的用途。谢谢！发过朋友圈的举手。

（众生举手）

师：这么多同学发过朋友圈。发朋友圈，喜不喜欢有人给你点赞？越多越好是不是？

生：是！

师：没发过朋友圈的请举手。没发过也不要紧，今天，我们就来发朋友圈。

值得一提的是，学生是写作的主体，情境的创设必须基于学生立场，以学生的生活和思想为基点，捕捉学生习作的兴趣点，让话题与学生的写作欲望相契合，赋予写作活动充分而具体真实的言语动机，才能变"要我说"为"我要说"，做到有感而发，只想一吐为快。

## 二、面向读者，定位作者

在传统的习作教学中，习作读者的设定狭窄单一。习作完成后，只成为交给老师批改的一项作业，作文本上教师的眉批、总评多为对习作内容或表达方法提出的修改意见，鲜有与作者进行真正意义上的思想或情感交流。学生习作也应该是向特定对象进行的一场倾诉与交流。如果没有了阅读对象，任务式写作将毫无生机。古人云："欲取鸣琴弹，恨无知音赏。"学生习作时抓耳挠腮无从下笔，有时未必是不会写，不知该写什么，更大的困惑也许是不知写给谁，为什么目的写。

本次习作中"朋友圈"的读者是谁？当然是好朋友了！这样的读者真实地存在着，这样的写作显然是一个真实的交际沟通行为。林睿老师在引导学生互评的过程中，就引导学生关注到"朋友圈里都是大家的好朋友，和朋友说话，可以更亲切更自然一些"。这样的表达应满足读者的心理需求，有了明确的读者，把握阅读对象，作者方能根据话题，与拟想中的读者进行对话交流。

## 三、明确目的，确定内容

明确写作目的，即清楚"为什么写"，是写好文章的基石。有了明确的写作目的，才能避免"脚踩西瓜皮"现象的产生。目的是作者通过习作想要达成的意图和愿景，学生有了目的意识，方能有针对性地选择能达成目的的习作内容，知道具体该"写什么"。

师：看，这是谁的朋友圈呢？（课件出示微信朋友圈截图）

生：中华汉字。

师：我们就尊称他为汉字君。汉字君最近发了这么一条朋友圈，里面有段视频,请同学们看一看。(播放电视剧《军师联盟》视频片段)你们弄明白汉字君想要表达的意思吗?

(生摇头)

师:你们知道汉字君想要说什么吗?光发这样一段视频,我们不知道汉字君想要做什么。他显然不是要介绍这部电视剧。他呀,是在吐槽。刚才,他们谈论的是同一个人。晁什么(大夫)?御史什么(大夫)?你们觉得应该怎么念呢?

生:应该念大(dài)夫。

师:同意的请举手。都同意哦!难怪汉字君那么伤心,那么生气,话还没有说完就发朋友圈了。刚才他们所说的这个人啊,名叫晁错,是历史上赫赫有名的一个人物。(课件出示"御史大夫")

师引导区分"大(dà)夫(fū)"和"大(dài)夫(fu)"不同读音表达的不同意思,明白一个字的读音一变,整个称呼的意思就变了。

师:现在我们知道了这个字的读音,汉字的读音和它的意思是紧密相连的。意思理解错误,肯定你就会读错,有时候还会闹出巨大的笑话。好吧,既然汉字君着急着忘记发朋友圈,那就请同学们拿起笔来,帮它发一则朋友圈,把这个事情说清楚,你想怎么写就怎么写,请你来为汉字代言。(师板书)看看谁替汉字君发的这则朋友圈可以得到更多人点赞,好吗?请动笔。

在以上教学片段中,习作的目的非常清晰——帮"汉字君"发朋友圈,解释汉字君发视频的目的是为了提醒大家根据汉字的意思读准汉字的读音。如此教学,学生对自己该写什么一清二楚,写起来自然毫不费力。

## 四、搭建支架,推敲文辞

支架的搭建为学生习作提供了向上攀爬、转变方向的支点。课堂中,林睿老师主要搭建的是例文支架,她通过带领学生阅读例文,将"汉字君"前后两次发的朋友圈进行对比,引导学生关注人称的表达。学生在与例文的对比中不断调整,重新构建。

师:我们来看一看,汉字君发的朋友圈是这样的,我想请几位同学念一下,怎么样,来请你——

生：不看不知道，一看吓一跳，这部电视剧演员念错了好多汉字，其中就包括我，大。我有时念 dà，有时念 dài。虽然听起来似乎差别不大，但是，念错了字音，字义可就大相径庭啦！大（dà）夫（fū），是古代的官职，大（dài）夫（fu），则是医生的别称。剧中的晁错是位高权重的御史大夫，可不是医生，念错字可了不得。我呼吁大家重视汉字文化，一定要准确地理解字义，读准字音。

师：你们看看后来汉字君补发的这条朋友圈跟你们刚才发的朋友圈有什么不一样的地方呢？

为他这次是以大（dà）的形象来告诉大家不要把字读错了。

孩子们，知道吗？第一人称——我，我们，就是第一人称。汉字"大"！发朋友圈为汉字君代言要做到语言清晰准确生动，

适宜的例文支架能给孩子一个形象化的范例，为孩子提供内容选择和写作技法方面的直观指导。但例文用不好则可能会框住孩子的思维，使孩子缺少自己灵性的表达。对于例文，既不能把它精剖细解，原封不动地让学生来照搬，在依样画葫芦的仿写中学生会失却了表达的自由；当然也不能漠视习作例文的引导暗示作用。通过例文支架的运用，让学生在模仿和借鉴中提升写作的能力，把写作技巧内化成学生自然的本领，才是搭建例文支架的目的。

回味林睿老师执教的《为汉字代言》，这样"以读者为中心，以交流为目的"的交际语境写作课堂，是真实具体的，是有动力、有意义的。这样基于真实语境的写作任务，需要学生运用真实的语言能力去完成，当然也让学生从中获得了真实的写作技能。

# 体验式作文教学之我见

## ——以《抢橡皮》习作指导课为例

**福建龙岩长汀县第二实验小学  马桂莲**

小学生缺乏生活体验，经历少，作文时常常感叹"巧妇难为无米之炊"，往往写出的内容空洞、乏味，没有真情实感。《义务教育课程标准》强调："写作教学应贴近学生的实际，让学生易于动笔，乐于表达。"因此，在语文习作教学中，坚持让学生在实践活动中多加体验，多加感受，学生才会有较多的真情实感，才会不由自主地放飞心灵，从而自由、快乐地写作。

【教学案例】

片段一：比赛前的心理活动

师：同学们，抢橡皮马上就要开始了，请你再看看橡皮，此刻，你觉得它仅仅是一块普普通通的橡皮吗？它是什么？它像什么？

生：是个宝贝呢！是一块闪闪发光的宝石。

师：是啊，此刻这块普通的橡皮就是一块闪闪发光的宝石，一颗价值连城的珍珠，多诱人啊！全体起立，站好位置，做好准备，抢宝贝要开始了——一！二！三！（停）

师：（笑）我想采访一下同学们，你们现在是什么心情？

生：紧张，心跳很快。

师：心跳很快，快到什么程度？能不能说得具体一些？

生：心跳很快，都要从嘴巴里跳出来了。

生：我的心脏跳的速度越来越快，快要跳出来了，全身血液都快停止了，心里似乎有一个声音不停地呼喊着："一定赢！一定要赢！"

生：我的心中好像有一面小鼓，一直在"咚咚咚"地敲着。

师：除了心跳加快，此刻还有什么感觉？

生：呼吸都加快了！身上好像背了定时炸弹！

神经都绷紧了，丝毫不敢有一点点放松。

师：现在……手此时的神态？并猜猜他心里可能在想些什么？

生：只见他脸绷得紧紧的，好……

生：我的同桌屏住呼吸，眼睛直直盯着……我一定要抢到橡皮。

生：他的眼睛睁得大大的，抿着嘴，一脸严肃的模样。心里应该在……如何先下手为强，抢到橡皮。

师：短短的时间不仅把对手的表情观察到位，还猜透了对手的心思，真了不起！现在就请同学们先坐下来，稳定稳定情绪，并且试一试，把自己着急要抢到橡皮的心情以及对手的心理、神态等试着用几句完整的话说下来。

片段三：体验自己抢橡皮的过程

师：接下来，我们真的要抢橡皮咯，请全体起立，同学们，准备好了没有？

生：准备好了。

师：好，听清楚老师的口令——一！二！三！左手！

（生抢橡皮）

师：现在，老师想采访一下我们获胜的某某同学：你现在的心情怎样啊？你能不能和大家说说刚才你是怎么抢到橡皮的？用上了哪些动作？

（生说感受）

师：（指名输的同学回答同样的问题）你刚才没抢到橡皮的原因是什么？你现在心情怎样啊？

（生说感受）

片段四：引导观察对手抢橡皮的过程

师：没有抢到的同学不要泄气，刚才抢到的同学也不要神气。下面，我们再来一局，同学们起立，做好准备。听老师的口令——一！二！三！右手！

（生抢橡皮）

师：刚才抢橡皮时，你的对手是怎么抢到橡皮的？他有什么动作？他的脸色怎么样？现在，请你试着用几句完整的话，把刚才抢橡皮的情景说出来。

（生说感受）

师：同学们观察得真仔细，不仅关注了自己的表现，在活动时还观察到了对手抢橡皮的动作、神态，真了不起。现在，就请同学们快速把自己或对手刚才抢橡皮的动作、神态等写下来。

（生习作）

【案例分析】

生活是写作的源泉，离开了生活，习作就犹如"无源之水，无本之木"。这正如叶圣陶先生所说："生活如泉源，文章如溪流，泉源丰盈而不枯竭，溪流自然活泼昼夜不息。"习作教学中，教师只有引导学生关注生活，体验生活，从生活中获得丰富素材和感受，学生才有话可说，有事可写，有感可发。

1. 转变教学观念，改变指导方式

纵观平时的习作课堂往往都是老师命题学生习作，学生习作之前没有自己的体验和感受，只能围绕命题天马行空胡编乱造，写出的内容空洞，纯粹为了完成老师布置的习作任务而习作，作文课也就变得枯燥、乏味了。如何才能改变这种课堂现状？教师应根据学生的特点从贴近学生生活的有趣的游戏入手，让学生在游戏中获得体验，积累习作素材。以上案例中，教师大胆创新，打破常规习作教学模式，通过游戏前交流各自的心情，游戏时观察对方的神情猜想对方的内心以及游戏后获胜方与失败方的情感交流等环节，让学生在有趣的游戏中获得丰富的情感体验，使课堂变得灵动而有趣。

2. 注重活动体验，避免指导单一

心理学家指出：人在精力放松、心情高兴的情况下，视觉、听觉、嗅觉都格外敏锐，思维也分外活泼，他就会涌现许多奇思妙想。反之，如果是枯燥或是在紧张的状况下，思维就会凝固，缺少想象力。习作教学只有在宽松的气氛、高兴的心情、乐写的状态下才能成功。因此在习作课堂上，教师要创设情境，营造轻松气氛，注重学生在活动中的体验，拓宽习作思路，让他们在体验中体会自由习作的乐趣，这也是新课标下习作的生命力所在。案例中，教师在每一个环节非常注重学生的情感体验，如在第一次抢橡皮后，教师分别请出获胜方和失败方说自己在活动中的感受。学生在游戏中获得真实体验，心情激动，便带着各自体验写作，内容真实，个性思维跃然纸上。

## 3. 观察活动过程，注重有效指导

教师在课前要做好充分准备，要把活动目的、活动过程、活动中的观察对象都考虑清楚，学生才能在活动中尽兴。在活动过程中，教师要观察活动进展的情况，从活动中人物的动作、神情等方面引导学生积累习作素材。案例中，比赛前教师引导学生说说自己的心情怎样，学生通过描述，各自表达了自己的心理活动。然后又引导学生观察对手并用一句话表达对方的神情。紧接着教师又有目的地引导学生从动作中说说自己是怎么抢到橡皮的，抢到橡皮时的感受，没有抢到橡皮的同学又有怎样的感受。整个活动中，教师不仅关注了学生的动作，也关注了学生的神情和心理。学生在活动中有了自己的真实体验，每一个环节在老师的引领下都能很好地表达自己的活动过程和内心感受，丰富了习作素材，激发了习作欲望，在快乐的游戏中润物无声般地习得写作方法。

可见，习作教学要引导学生走进生活，在丰富多彩的活动中体验生活，感受生活，这样才能激发习作欲望，使学生会写、乐写，从而有效提高习作教学效率。

# 让学生在辩论中提高口语交际能力
## ——以《小学生要不要多看电视》口语交际课为例

福建长汀师范附小　赖荣明

根据生活现象，提炼正反观点，引导学生针对自己的观点展开辩论，发表不同见解，这是增强口语交际性的一种有效的教学方式。

看电视是孩子们喜闻乐见的事情，不少家长反映孩子一回家就坐在电视机旁不肯挪步。针对这一现象，我在语文四年级口语交际课《小学生要不要多看电视》教学中，借鉴电视节目中大学生辩论赛的形式，让学生展开辩论，在"辩"中学会倾听、表达和交流，学会文明地进行人际沟通和社会交往，从而发展团结合作精神。下面结合教学实践，谈谈几点做法。

## 一、创境激趣，让学生乐说

（媒体播放《米老鼠与唐老鸭》视频，学生看得津津有味）
师：多有趣的米老鼠和唐老鸭啊！你们喜欢它们吗？
生：喜欢！
师：在家你们还喜欢看哪些电视节目呢？
生：少儿节目、动物世界、动画片、科幻片、文艺晚会、电视剧……
师：老师也很喜欢看电视。平时在家你们每天看多长时间电视啊？
生一：两小时。
生二：看到节目结束。
……
师：是啊，随着生活水平的提高，电视走进了千家万户，成了我们生活中最亲密的伙伴。昨天小明的妈妈遇见我，告诉我：小明现在一回家就看电视，都快成电视迷了。你批评他，他却振振有词："看电视是有益的活动，有

什么不对?"你们对此有什么不同的看法吗?(同学们各抒己见,充分发表自己的意见)

## 二、明确要求,让学生会说

师:刚才同学们都表达了自己不同的观点。小学生到底是多看电视好呢,还是少看电视好?现在我们根据"多看电视好"和"多看电视不好"的不同观点,分为正方和反方,进行辩论。请把你的想法说出来,注意把理由说清楚。提出你的意见时,语气要诚恳,其他同学要认真听,同组的同学可以补充说明。

1. 分组:认为"多看电视好"的同学为正方,认为"多看电视不好"的同学为反方,每组选出一辩手和二辩手。

2. 要求:辩论时观点要鲜明,理由要充分,语言要文明,要注意倾听别人的发言,不随意打断别人的话题。由老师和各小组长担任评委,评出优胜方及最佳辩手,给予奖励。

## 三、展开辩论,让学生能说

师:各位同学都做好了辩论的准备,现在我宣布,班级辩论赛现在开始!先由正方开始阐述观点。

生正:我认为多看电视好。电视节目非常丰富,多看电视可以开阔视野,增长见识。

生反:我认为多看电视不好。看太多电视就没时间复习功课,会影响学习。

生正:我认为看电视也是一种功课,只要选择适合我们看的电视节目,不仅不会影响学习,还会对学习有帮助。

生反:那也要注意控制看电视的时间。看电视的时间太长了,眼睛容易疲劳,容易近视。

生正:好看的电视我一连看几个小时都不会疲劳,我常看电视眼睛不是好好的吗?

生反：调查显示，长时间看电视的人眼睛更容易近视。再说电视的辐射性强，长时间看电视是不利健康的。

生正：电视的直观性强，有利于我们理解、接受知识，所以多看电视好。

生反：看电视的时间不能太长，太长了不利于思维能力的培养。有研究表明，一个人每天看电视的时间超过2小时，思维能力就会下降。因此，长时间看电视不好。

……

师：刚才同学们都积极参与辩论，表达了自己的观点。如果你是小明的妈妈，听了大家的辩论又会怎样对小明说？请同桌间相互说一说。

……

师：刚才正反双方各抒己见，辩论得非常激烈。现在请小评委宣布比赛结果。

（老师给评出的优秀小辩手授奖）

这一教学片段，小组长组织辩论，老师和学生一起充当评委，参与辩论的全过程，师生合作、生生合作的情境激发了学生交际的兴趣。在辩论过程中，学生站在各自不同的角度，发表自己的观点，倾听别人的意见，多角度、多层面地去想、去听、去说，在友善辩论中达成共识，从而提高了自身的口语交际能力。

可见，口语交际是师生间、生生间多项互动的过程。只有创设生动、有趣的交际情境，选择恰当的交际方式，教会学生善做"倾听者"，才能有效地培养学生的口语交际能力。

# 一样的离别，不一样的离情
## ——对古诗对比教学的评析

福建长汀师范附小　赖荣明　李秀珍

古诗是我国的文化瑰宝，语言凝练，意境优美，寓意深邃。传统的古诗教学注重解词释义，在枯燥无味的逐字逐句的解释中，学生往往不能体味到我国古诗独有的韵味美和意境美。最近，笔者听了我校李秀珍老师采用比较体悟法执教的《黄鹤楼送孟浩然之广陵》《送元二使安西》两首送别诗，对古诗的教学有了另一番感受。

《黄鹤楼送孟浩然之广陵》《送元二使安西》是人教版语文第七册第五单元中表达朋友深情的送别诗。同意象同主题的两首送别诗，如果教学时只是展示单一的文本，那么教学体现的一定是一元思维的视角，对诗中的意境、诗人的情感的理解就显得苍白了，教学也就显得单一和肤浅了。然而李老师借助同一主题进行同构，教学中对两首古诗进行比较、分析、体悟、升华，学生对两个诗人一样的送别中不一样的离情的感悟就更为深刻了。以下是李老师的教学课例。

【教学课例】

## 一、复习导入，吟唱中入境

1. 人生自古重离别，人生自古又伤离别！我们如此，古人更是如此！所以李白有诗《黄鹤楼送孟浩然之广陵》，王维有诗《送元二使安西》。

2. 这两首诗，诗题中都有一个"送"字，是两首送别诗！

3. 唐诗中送别诗多如繁星，这两首却堪称珍品，千古传颂，脍炙人口，谁想高声诵读？

（1）指名读（读出节奏平仄）；（2）齐读；（3）试着吟唱。

4. 上节课我们理解了诗句的意思，谁能用自己的话说说你对诗句的理解？

（评析：吟诵是学习古诗最直接有效的方法。教学中先指导学生读出古诗的平仄韵味，再让学生吟唱古诗。古诗独具魅力的抑扬顿挫的音韵美，随着音乐的渲染牵引，让学生不知不觉就进入了诗歌的意境之中）

## 二、走近诗人，初品一样送别

1. 师导语：一首诗，一段情；一首诗，一段故事。
（出示课件）
与《黄鹤楼送孟浩然之广陵》相关的故事：

在李白的好友中，和他最心心相印的是孟浩然，两人性格豪爽亦爱酒。孟浩然42岁那年准备在考取进士之前先游历名山大川，正好在黄鹤楼巧遇李白，两人相见犹似故人归，兴奋不已，于是一同在黄鹤楼度过了几天令人难忘的时光。可是，孟浩然要离开李白去扬州游玩了，李白便在黄鹤楼前相送，依依不舍。

与《送元二使安西》相关的故事：

王维与元二既是好友又是同朝为官，感情非同一般。两人常在一起吟诗喝酒，郊游散心。可是突然朝廷派元二去三千里外的安西，即现在的新疆最西边守卫边疆。王维便从长安到渭城为元二摆酒送别，依依不舍。

2. 读了这两个故事，此刻你对两首古诗有什么看法？（学生对两首古诗发表自己的看法）

（评析："情动而辞发"，每一首诗的背后都有一个感人的故事。古诗的情境离学生的生活较远，教学时，对古诗的写作背景进行适当补充，既能丰富学生的表象知识，又能有利于学生凭借故事走进诗人的情感内心，为进一步体会诗人的情感做铺垫）

## 三、走进诗文，细品两样离情

1. 一品：从不一样的送别天气里品不一样的送别心情。

（1）一样的送别，可不一样的诗人，不一样的友人，送别之中一定是两样的离情！

（出示课件：走近诗人，走进诗句，结合资料，寻觅一样的送别中不一样的点点滴滴！）

（2）学生自由读两首诗。

（3）细读两首送别诗，你发现了什么不一样？

生：我发现不一样的送别天气，李白在阳春三月春光明媚的日子里为好友送别，而王维是在绵绵春雨中为好友送别。

（4）你也发现了不一样的天气了吗？你们从哪句诗里发现的？

（5）出示画面，观察、比较：哪幅是烟花三月？哪幅是渭城朝雨？

（6）"一切景语皆情语。"不一样的天气会给诗人的离愁平添哪些不一样的心情？

（7）是啊！"一切景语皆情语"，一晴一雨，一暖一凉，不一样的天气给了诗人不一样的心情！烟花三月的江南美景温暖了李白的离愁，而渭城霏霏朝雨濡湿了青青垂柳，更濡湿了两颗装满离愁的心！

（评析：诗中有画，画中有诗。"烟花三月""渭城朝雨"，不一样的送别天气由文字生成为画面时，诗人两种不一样的送别心情便在"一切景语皆情语"中释然了）

2. 二品：从不一样的送别原因里品不一样的送别心情。

（1）读读诗文，你们还发现哪些不一样？

生：我发现了不一样的送别原因：孟浩然要去扬州游历山水了，李白为他送别；元二被朝廷派去安西阳关守卫边疆，王维为他送别。

（2）你是从哪儿发现的？

生：从题目可以看出：黄鹤楼送孟浩然之广陵；送元二使安西。

（3）你能具体说说吗？

生："之"是去的意思，自己去的；而"使"是出使，朝廷派去的。

（4）师小结：可见，不一样的题眼告诉了我们不一样的离别原因。

（评析：咀嚼是最恒久的感悟，一个"去"，一个"使"，不一样的文字里咀嚼出不一样的离愁别绪，耐人寻味）

3. 三品：从朋友不一样的去向里品不一样的离愁别绪。

（1）那"扬州"和"安西"当时是个怎样的地方呢？（课件展示扬州、安西图片）

扬州是江南千古名城，古称"广陵"，是"腰缠十万贯，骑鹤下扬州"的天上人间；是"天下三分明月夜，二分明月在扬州"的锦绣地；是"人生只合扬州死，禅智山光好墓田"的人间仙境。

安西在新疆的最西边，那儿大漠茫茫、阳关漫漫、寒风劲吹、黄沙飞扬、戈壁荒凉，是"羌笛何须怨杨柳，春风不度玉门关"的苍茫大漠。

（2）播放一段扬州、安西风情视频。

（3）欣赏了这些画面，你有哪些感受呢？

（4）"离情更关风与月！"好友不一样的去向给了诗人哪些不一样的心情？

（评析：两段视频冲击着孩子们的眼睛，同时也撞击着孩子们的心灵。再多的语言此刻也成了苍白，李白和王维不同的离愁别绪早已盈满了孩子们的心头）

4. 四品：从不一样的送别方式里品不一样的饯别愁绪。

（1）你们还发现了不一样的什么？

生：我发现了不一样的送别方式，李白是伫江目送，王维是摆酒相送。

（2）你从哪句诗体会到的？

生：孤帆远影碧空尽，唯见长江天际流。劝君更尽一杯酒，西出阳关无故人。

（3）好朋友要下扬州了，李白在黄鹤楼前，长江岸边相送！（课件出示诗句，老师相机引读）

①孟浩然乘坐的帆船渐行渐远，李白伫立江边。只见（引读）——孤帆远影碧空尽，唯见长江天际流。

②渴望再看一眼好友，于是他登上了黄鹤山，可是一样只见（引读）——孤帆远影碧空尽，唯见长江天际流。

③人生得一知己难得啊！李白不忍离去，信步登上了黄鹤山上黄鹤楼，可是依然只见（引读）——孤帆远影碧空尽，唯见长江天际流。

④李白登上了黄鹤楼最高处，然而仍然只见——孤帆远影碧空尽，唯见长江天际流。

（4）望着滔滔江水，帆船早已不见影子，李白若怅若失，久久不愿离开，真是帆远情更长啊！

（5）花开两朵各表一枝，而此时的王维呢，正在为好友摆酒送别，频频举杯！

来！举起酒杯为即将去塞外大漠的元二说声送别的话吧！

（6）真是酒逢知己千杯少啊！频频举杯，殷殷话别！（课件出示诗句，老师相机引读）

①想到塞外荒漠，好友将长途跋涉孤身漂泊，所有担忧化作一句（引读）——劝君更尽一杯酒，西出阳关无故人。

②想到好友将背井离乡，历经千辛万难，满腔心酸化作一句（引读）——劝君更尽一杯酒，西出阳关无故人。

③想到大漠茫茫，阳关漫漫，寒风刺骨，黄沙飞扬，满怀凄凉化作一句（引读）——劝君更尽一杯酒，西出阳关无故人。

④想到好友被派边疆，前途渺茫，无限感慨化作一句（引读）——劝君更尽一杯酒，西出阳关无故人。

⑤想到此地一别，生死两茫茫，千种牵挂化作一句（引读）——劝君更尽一杯酒，西出阳关无故人。

⑥想到今日一别，何日再重逢，万般无奈化作一句（引读）——劝君更尽一杯酒，西出阳关无故人。

⑦千言万语，万语千言，一生情一杯酒！酒入愁肠，皆化作一句（引读）——劝君更尽一杯酒，西出阳关无故人。

5. 多情自古伤别离！更哪堪如此之别！喝了杯中酒，再喝壶中酒，喝了壶中酒，再喝坛中酒！真是酒尽心已碎啊！

（评析：如果说想象是欣赏诗歌的翅膀，那么诵读便是欣赏诗歌的基石。读有百味，将诗歌中的意象化为生活情境的引读，再辅以角色的转化中的一次又一次的引读，造成回环复沓的诗歌韵味，诗人不一样的离别情感便纷呈缭绕在心头久久地化不开了，诗歌蕴涵的情感便淋漓尽致地充盈在学生内心深处了）

## 四、总结吟诵，升华情感

1. 人分千里外，情在送别中！同是送别，细细品味，离情不同，李白的帆远情更长，豪情恰似一江春水向东流；王维的酒尽心已碎，柔情切切情意绵绵！我们说一样送别，两样离情！都是言有尽而意无穷啊！

2. 此时的你再读这两首古诗，我想一定是别有一番滋味在心头！（学生深情诵读两首诗）

（评析：言欲尽而意无穷，教师充满深情的总结语再次激起了学生读的欲望，学生在浓浓的离别情绪中整体诵读诗文，读出了一样的送别，两样的离情。诗中那帆尽情更长，酒尽心亦碎的依依惜别之情已深深地浸润着学生的心灵）

## 五、课后作业

课后读《别董大》《送杜少府之任蜀州》，试着体会这两首诗中那不一样的离情。

一首诗，一段情；一首诗，一段故事，同样的离别不一样的离情。诗人的离别情怀隐含在凝练的字里行间。古诗素有"只可意会，不可言传"的意境美，如何展现诗中的意境美？诵读是最好的方式。入情入境的诵读，才能体会出诗的真味。

在这一教学案例中，李老师根据古诗的意境和结构特点，把两首送别诗整合在一起学习，在吟诵中入境，在品读中悟情，在拓展阅读中培养诗趣。特别是教师引导学生通过递进式的四次品读，从不一样的送别天气里品不一样的送别心情；从不一样的送别原因里品不一样的送别心情；从朋友不一样的去向里品不一样的离愁别绪；从不一样的送别方式里品不一样的饯别愁绪。从而，诗歌中的意象化为生活情境，再辅以角色的转化中的一次又一次的引读，让回环复沓的诗歌韵味浸润学生的心田。这样，通过声情并茂的诵读、品味，学生的情感与诗人产生共鸣，这诗与情，情与境的交融，则是古诗教学的最高境界。学生也在反复吟诵品味中领略到古诗的独特艺术魅力。

# 为学生营造童话习作的灿烂星空
## ——听《我来编童话》习作教学的省思

**福建龙岩新罗区教师进修学校　施笑妹**

《我来编童话》是语文统编本三年级上册第三单元的习作。本单元习作要求学生自己发挥想象编童话写童话。教材提供了"国王、黄昏、厨房""啄木鸟、冬天、森林超市""玫瑰花、星期天、小河边"等三组九个词语。一位老师在引导学生运用这些词语进行编写童话故事时，进行了以下教学：

（把标注有"时间、角色、地点"的三个纸袋粘贴在黑板上，里面分别装着教材提供的九个词语）

师：刚刚读的九个词语，表示童话故事中的角色、时间和地点，该如何运用这些词语编写故事呢？我们一起来做个小游戏。老师先请一位同学从这三个纸袋里分别抽取一个词语进行想象编故事。

（一位同学上台，从三个纸袋分别抽出"冬天""玫瑰花""厨房"，按要求贴在相应纸袋的下方）（如图）

师：谁能用这三个词语编一个童话故事？（贴图：想象）

生：冬天，玫瑰花在厨房里做西红柿炒蛋吃。

师：能不能把西红柿炒蛋的过程说具体些？

（略）

师：同学们，想不想让你编的童话故事更有趣、更奇妙些？

生：想！

师：老师这儿还有一个纸袋，（出示标注"做什么"的纸袋）谁再来从中抽取一个词语？

（一位学生上台抽出一个词语"钓鱼"，贴到相应的纸袋下方）

师：（指着黑板的词语）现在谁能运用这几个词语编出一个简短的童话故事呢？

生：冬天，玫瑰花在厨房里钓鱼。

师：太棒啦，这样做，就可以让想象变得很有趣、很奇妙。（贴：有趣奇妙）

……

童话故事是虚构的，是想象和幻想的结晶，却能带给读者真实的感受，美好的情感。这是由于童话中的任何想象和幻想，都符合了生活的逻辑，符合生活本身所固有的一些规律，符合社会和人类思维的发展规律，符合人们对世界的认识。从本单元中所读的四个童话里，也能发现这样的特点，故事中的动物、植物会说话，有思想，会行动，但依然保留着现实生活中的本质特征。《去年的树》中的"树"和"鸟"，树是鸟儿的家，鸟儿站在树枝上天天给树唱歌，树天天听着鸟儿唱歌，这是符合生活逻辑的想象。《那一定会很好》中，从一粒种子到变成一棵树，从一棵树一直到最后阳台上的木地板，故事始终围绕树本身的生长规律和用途展开想象。《一块奶酪》里的蚂蚁，勤劳、团结、协同劳动，这是大家的共识。《在牛肚子里旅行》属于科普童话，两只蟋蟀一只叫青头，一只叫红头，正是运用了现实生活中人们的习惯叫法。故事中作者想象它们在草丛里捉迷藏，红头"虎口逃生"等情节，都是围绕事物本身特点展开的合理想象。另外，童话中的象征手法，都符合人们对事物的固有认识。如一提到狐狸，就想到它是狡猾的象征；一提到兔子，就想到它是善良的代表。

反观案例，老师引导学生运用随意抽取的词语编出"冬天，玫瑰花在厨房里钓鱼"的故事，但这故事却让人匪夷所思，因为这种天马行空的想象脱离了现实的生活，不能给读者带来童话的真实感。试想：厨房里钓鱼，合理吗？不合理；而玫瑰花在童话故事里大多是柔弱、善良、美丽、热心、高贵的象征，让它去钓鱼，则颠覆了人们对玫瑰花的美好印象，失去了童话的美感。

一个好的童话故事需要大胆的想象，但想象一定要合理，才会被读者所接受。那么，我们应该如何引导孩子编出想象大胆且合理的童话故事呢？

## 一、习作要素：变随机抽取为自主选择

课程标准关于写作教学建议有这样的表述："写作教学应贴近学生实际，让学生易于动笔，乐于表达，应引导学生关注现实，热爱生活""为学生的自主写作提供有利条件和广阔空间，减少对学生写作的束缚，鼓励自由表达和有创意的表达。"贴近学生实际，就是要求所写内容是学生熟识的、喜欢的，只有熟识和喜欢，学生才能有东西写，才能写上手，才会有表达的欲望，真正实现课标要求的乐于表达；减少对学生的束缚，就是要求少限制，要帮助学生广开思路，放飞心灵；有创意的表达，就是要让学生的思维活跃，彰显表达形式和语言的个性。

案例中，老师让学生随机选择"冬天""玫瑰花""厨房""钓鱼"等词语进行童话的编写，产生了两个问题：一是所选的词语未必是学生喜欢或熟识的。如"玫瑰花"这个角色，也许女生很喜欢，男生就未必了，他们可能更喜欢选择啄木鸟、国王等角色进行编童话。再如"厨房"这个地点词，对于三年级的孩子来说，大多都很陌生，只知道它是煮饭、烧菜的地方；至于怎么煮，多数孩子并不了解，他们可能更熟悉小河边、公园、校园等场所。所以，我们说这种随机选择的词语，是强加于学生的一种做法，它背离了课标的习作要求。二是随机选择的词语之间不一定会产生联系性，如"厨房""钓鱼"，地点与做的事情不符合生活逻辑。这样编出来的童话脱离生活现实，失去可信度，也就没有了童话的特征。当然，如果是科幻故事，那又另当别论了。

在童话要素的选择上，应充分相信学生的能力，放手给他们自主选择，这样才有助于打开想象，想象才可能合情合理。因为三年级的孩子有一定的生活经验，能围绕事物本身特点展开想象。如以上案例的开始环节，学生说"玫瑰花在厨房里做西红柿炒蛋"，这是学生根据已有的经验进行的想象，比起"玫瑰花在厨房里钓鱼"这种随机选择而编的童话，前者更符合现实生活的想象。为此，教学中，除了引导学生自主选择教材提供的九个词语外，还可以再补充相关词语供学生选择，如补充角色词：小猫、小狗、小草、仙女、

小伙子等，还可以鼓励他们添加自己认识或自己喜欢的童话要素来编写童话。唯有这样，才可能编出富有童真童趣、合情合理的童话故事。

## 二、习作思路：变思维受限为多元开放

这里的多元，主要是指开阔的习作思路。写好作文的因素众多，其中最重要的两条：一是角度、思路；二是描写细腻、具体。而这两者，思路又是至关重要，思路决定出路，它起着奠基性、全局性、决定性的作用。所以说，思路决定了习作的成败。

案例中，老师让学生用随机抽取童话要素编故事，无形中束缚了学生的习作思路。如学生开始想到玫瑰花在厨房做西红柿炒蛋吃，后来又加上"钓鱼"一词，学生的思维就停留在玫瑰花钓鱼这件事了。试想，如果没有添加"钓鱼"这个词，学生可能会想：玫瑰花在厨房里陪大家煮饭；玫瑰花在厨房里摘下一片花瓣泡茶给大家喝……所以说，这种随机选择童话要素的做法不利于学生打开习作思路。

即便是学生选择玫瑰花做角色，也要抛开给定的时间、地点、做什么事等童话要素的束缚，引导学生结合生活经验和阅读经验打开思路。

从时间上说：玫瑰花从温暖的四月持续绽放到寒冷的冬天，这里供学生选择的时间词语可就多了，故事发生的时间可以是温暖的春天，可以是炎热的夏天，还可以是寒冷的冬季，更可以是当中的某一天或某一刻。

从地点上看：玫瑰花可以生长在小河边、小路旁，可以在皇宫的花园里，也可以在平民百姓的院落里。

从玫瑰花本身特点设想角色形象：可能是一朵乐于助人的玫瑰花，可能是一朵美丽骄傲的玫瑰花，可能是美丽泼辣的玫瑰花，可能是有错就改的玫瑰花……再从乐于助人角色形象设想它做的事情：可能会摘下花瓣，让蚂蚁当作船划到小河对岸；可能送去花香，帮助国王解除心中的烦闷；还可能被啄木鸟拿去做生日礼物……还有美丽骄傲的、知错就改的玫瑰花等，都为学生提供了无限想象的可能。

为此，尽可能地为学生提供最大的自主空间，自由发掘素材，自主选取喜欢的素材，让学生在广阔的思维空间纵横驰骋，打开广阔的习作思路，才

能避免千篇一律，才能编出童真童趣、多姿多彩的童话故事，真正训练习作思维，发展笔力，培植鲜活的语言。

### 三、习作过程：变求一步到位为分步细化

案例中，老师让学生直接用随机选择的"玫瑰花""冬天""厨房"三要素编故事，紧接着添加"钓鱼"一词，要求编出完整的童话故事，这个步子走得太急了，结果事与愿违。学生的习作是一项综合性的训练，整个思维过程比较复杂。三年级的孩子才刚刚开始习作，且是第一次被要求编写童话，他们的思考难以一步到位，需要引导。写一个怎样的童话故事，需要选择什么样的角色等等，都需要有思考的时间和空间。为此，可以进行如下的分步教学：

1. 唤醒想象，确定主题

写文章前一定要确定好主题，有了主题，才能发挥想象，进行发散思维，知道如何选取材料。教学中，让学生选择自己喜欢的一个角色词语，回忆自己所读的童话故事，设想这个角色有哪些特点，把它一一列出来，并选择其中最有感觉的一个特点作为本次童话故事的主题。可以借助以下"花瓣图"进行联想。以选取"国王"一词为例：

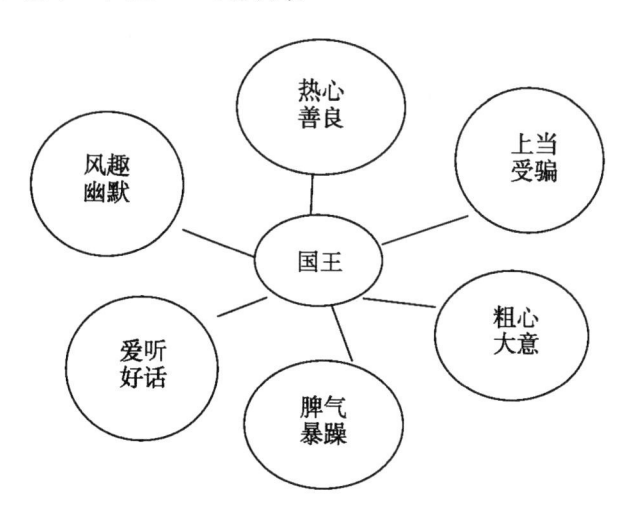

通过"花瓣图"对角色词进行多角度的联想后，故事主题的确定就不难

了。由"国王"一个角色词就能设定出这么多主题，同样，"玫瑰花"和"啄木鸟"也可以进行这样的联想。有了这样的联想，学生的习作思路就广阔了。明确了习作的主题，习作就不容易跑偏了。

2. 穿针引线，搭建框架

当学生确定了故事主题后，就可以穿针引线，帮助学生选择材料，搭建习作的框架了。教学中，可用填空形式引导习作构思。首先出示范例模仿填空。我选的角色：<u>国王和啄木鸟</u>；主题：<u>国王的脾气暴躁</u>；时间：<u>一天中午</u>；地点：<u>皇宫里</u>；发生的事情：<u>国王在睡午觉，听到窗外传来啄木鸟"笃笃笃"给树挖虫的声音，影响了午休，就命令卫兵把啄木鸟抓起来</u>。我拟的题目是《国王有个暴脾气》。

接着学生自主完成以下填空：我选的角色：_____；主题：_____；时间：_____；地点：_____；发生的事情：_____。我拟的题目：_____。

这样，童话故事的框架就搭成了。

3. 填充补白，完善故事

搭建框架，是帮助学生理清习作脉络，而"填充"和"补白"是让故事内容更加形象生动，人物特点更突出。所以，这里的填充补白就是引导学生思考故事中的角色之间会说什么，会有怎样的动作，心里会想些什么，故事后来还会怎样发展。如《国王有个暴脾气》，国王听到啄木鸟"笃笃笃"给树挖虫的声音，会怎么想，怎么说？卫兵抓啄木鸟的时候，啄木鸟有什么动作？啄木鸟被抓到国王面前的时候，会怎么说？啄木鸟怎么回答？后来，没有了啄木鸟，皇宫里的树会怎么样？国王看到了，又会怎么说，怎么做？此时还可以再加角色，让故事变得更曲折。

指导"填充补白"，学生才有内容写，故事才能有起有伏，学生才能写得兴趣盎然，才能写得得心应手，从而真正促进习作能力的提升。

# 二、感悟篇

# 做一名幸福成长的教师

福建长汀师范附小　赖荣明

教育的生命力在于教师的成长和发展，而教师的真正成长和发展，在于教师内心的深度觉醒。著名特级教师吴非在《致青年教师》一书中指出："优秀的教师应当是一盏不灭的灯，而那'开关'就在他自己的手中。他的'亮度'在于他个人的修炼；如果他有'电源'，或是不断充电，他就能一直发光，一直照耀学生面前的道路；教师的进德修业应当一直到生命的终止。一名教师要从青涩走向成熟，从普通走向优秀，关键在于自我修炼。一名教师要防止职业倦怠，永葆教育青春，也在于把握好修炼的'开关'，不断学习，终身学习，不断成长。"

作为新课程理念下的教师，怎样适应时代的要求，做一名合格的、幸福的教师？我认为要做到下面几点：

## 一、树立"三心"，提升自己的精气神

1. 树立信心：自己觉得能行才真正能行。有信心，才有努力和毅力；有信心，才有不懈和追求。

要树立"人人有才，人人成才"的教学理念，树立战胜自我，超越自我的信心。相信每一个学生都能成才，相信每一个教师都是好老师，都具有发展的潜能。

比如有些老师怕上公开课，遇上教研课、公开课，推三阻四。课堂之于老师，犹如舞台之于演员，一个教师，对课堂展示应该有着一种冲动和欲望，有此情结，教学才会给人以美感和幸福感。一个畏惧课堂的教师，逃避了一次又一次的研讨课、公开课，只上日常课，他必定体验不到那种教学激昂的乐趣和幸福。用什么征服课堂？有人说多读书，有人说多琢磨，有人说多观

摩,有人说多反思,有人说用智慧征服课堂,有人说用专业预设征服课堂……我说,要用你的勇气和自信。一个人只有袒露自己有缺陷的一面,袒露自己不成熟的一面,别人才能真切地看到你需要雕琢、修正的地方,唯有如此,你才能真正进步。要知道,掩饰缺点,恰恰是在不经意中繁殖缺点。

勇者无敌。成功说来就这么简单,面对一项实验,能勇于担当;请你上公开课,你勇敢地接受;请你大会交流,你勇敢地接受;有征文比赛,你勇敢地参与;交给你一个乱班,你勇敢地接受。每一次接受,或许都是一次阵痛,但同时也是一次无可抵挡的成长。成长的过程就是接受挑战,一个人有了主动的人生态度,机会才能眷顾你。

2. 加强责任心:愿意担当才会走向成功。有了责任心,承担起属于自己的那份责任,成了一个心智完整的人,才有可能成才。

作为教师,我们要对学生负责,因为接受教育关系到每一个学生的未来和生命价值的充分体现。

我们要对家长负责,因为孩子是家庭的希望,家长把孩子交给我们,就是把家庭的幸福和命运交给我们。

我们要对社会负责,因为社会文明的进步与发展取决于学生的健康、快乐的成长。

我们要对祖国负责,因为青少年学生是国家的未来和希望,"少年强则国强,少年进步则国进步"。我们要用自己的责任心唤醒学生的责任意识,激发他们的责任情感,培养他们履行责任的能力,帮助他们形成良好的责任行为。

一个有责任感的教师,一定是个踏地而行的教师;一个踏地而行的教师一定是个愿意把教育的小事做好的教师。教育本无所谓惊天动地,在和平的当下,更是如此。作为一名教师,我们每天做的大抵是这样一些小事:早上到学校,进班级,看看学生是否到齐,谁没来,是什么原因;收上家庭作业,谁没及时交,为什么;批改作业,谁错了,为什么错了。晨读开始,尽管有学生自发组织,但还是去看一下,学生很认真,笑着表扬。晨会课,可能讲个故事,可能回顾上周班级常规管理考核情况。和学生们一起做操。要上课了,准备一些教学用具;下课了,利用课间和几个学生交谈几句,课堂作业有问题的学生,此时也需要点拨一下。有了点时间,想想明天的课怎样上,或者准备下一堂课;情况好的时候,办公室的几个人要扯一下教育趣事或气事。中午可能会有学生吵架，需要你去调解。批改课堂作业，一边批改一边记录错误的和优秀的案例。收集一点试题，布置家庭作业用。提醒某几个学生，回家别忘了写作业，有不会的，可以打电话给老师。叮嘱学生明天有冷空气，添件衣服……

你看，教育无非就是做这样的小事。也正因为如此，每一个教师只要投入工作，都能把这样的小事做好，做到位。每一个把这样的小事做好的教师，就是中国教育的脊梁，大家一起来把这样的教育的小事做好，做到位，就能把中国教育的大事做得让政府放心，让老百姓满意。当你尽力把教育的小事做好时，你就做起了真正的教育。真正的教育，能影响人的教育，往往就蕴藏于那些很小的小事之中。作为老师，给学生留下的永不磨灭的东西，就是那些不经意间的小事：一次简短平和的谈话、一个举动、一个眼神、一个期望、一个微笑，其间饱含着教师浓浓的真情，传递出师生间短距离心灵交流的火花。经由这些小事，教育进入人的心灵，持续影响人的一生。教育就是这样的一些小事，把小事琢磨透，处理好，就是教育艺术。

要一辈子做好这些小事，需要有高度的责任心。

3. 做到静心："非宁静无以致远"。静心教育指的是要胸怀远大理想，不斤斤计较眼前的得失；做人心态平和，待人宽容大度，生活知足常乐；遇事善于思考，深入探究；做事专心致志，精益求精。

作为教师，我们要静下心来上好每一节课，静下心来批改每一本作业，静下心来与每个学生对话，静下心来研究教学，静下心来读几本书，静下心来总结工作规律，反思自己的言行和教学方式。我们要在工作中用心品味师生情谊、工作的乐趣、生活的幸福。我们要讲究教育智慧，要用智慧启迪灵性，用人格陶冶情操，用爱心浇灌希望，用汗水哺育未来。

我们要教育学生静下心来上好每一堂课，静下心来完成每一次作业，静下心来参加每一次活动，静下心来思考每一个问题，静下心来读几本书，静下心来总结学习规律，反思自己的言行和学习方式。引导学生用心品味师生情谊、学习的乐趣、生活的幸福。引导学生用智慧学习知识，用人格成就自我，用爱心对待别人，用汗水浇灌未来。

只有心静平和地做人做事，才可能达成远大的目标。

## 二、要提高专业技能，不断发展自己

教书是我们的职业，只有不断学习，不断提高专业技能，才能提高课堂教学效率，才能永葆鲜活的教学生命。因此，我们要借助当前岗位练兵这个大气候，给自己充电，助自己成长。我们应该根据所教学科的需要，以"干什么、练什么"为基本出发点，结合个人专业特点确定练兵内容，苦练教学基本功，熟悉操作规范，掌握基本技能，提升专业素养。业务精湛，成为本专业的权威，得到家长、社会、领导的充分认可，这是每一个教师梦寐以求的事情。作为一名教师，有了出类拔萃的业务素质，成就感越强，那么幸福指数就越高。

1. 我们要多读经典书籍，提升自身学养。在祖国几千年历史文化的长河中，诗词曲赋、经典名著灿若群星。从古至今，这些文化瑰宝洗涤过多少粗糙的心灵，感动过多少枯涩的情怀。只有被厚重的经典名著洗礼过的人，才能拥有细腻的心灵，感恩的情怀！名师的课大气，语言精彩，富有感染力，就是因为他们自身有着丰厚的语言素养和文化底蕴。课堂上，老师丰富的语言对学生是一种滋养，丰富的文化底蕴对学生是一种召唤，洋溢着智慧的妙语，更是对学生心智的启迪。做有质量的老师就是在纷繁的环境下能够静心下来读书、思考。读书，是教师的本分，也是教师保持智慧鲜活、散发人文气质的唯一途径。当今社会，学生的视野和感知世界的途径越趋广阔，教育的生态环境和课堂细节越趋复杂。作为教师，一旦停止学习，结束"自我更新"的状态，我们就会迅速成为"风雨中的雕像"，课堂也将味如嚼蜡。

在这个竞争日益激烈的社会里，如何提升自己的文化品位并且做一个幸福的教师？那就是读书，读好书，读世界经典之书。所以，即使我们再忙碌，每天都要有阅读的时间，要有思考的时间，养成终生学习的良好习惯，不断点燃自己的学习内驱力，自主学习。读专业书、读文学书、读经典书，使自己的知识面广博起来，才能开阔自己的专业领域，才能开拓自己的视野，才能为自己积蓄能量。文化在心灵安顿之后，就成为了一生幸福的储蓄。教师要想发展起来，就要给自己的心灵留下一个阅读经典的空间，从而使自己的教学登上"会当凌绝顶"的境地。

2. 要关爱学生，拥有一颗宽容的心。记得有位专家曾说过这样的话：如今我们身上的全部长处都是以前老师曾经夸奖过的地方，我们身上的大部分缺点也是当年老师曾经批评过的地方。所以一个教师，要有一颗宽容的心，能够成为孩子的良师益友，要学会赏识孩子。在评价孩子中，要能保持鼓励性的倾向，使孩子时刻感到自信，能激发孩子的学习欲望和兴趣；孩子犯错时，能给孩子一个台阶下；当孩子取得成绩时，别忘了给孩子送上一片掌声；孩子有疑难时，是孩子最好的心理医生和真诚的朋友；当孩子大胆表现自己时，做孩子最好的欣赏者。教师潜在的人格魅力会深深地感染学生，在真诚的赞美、友善的态度中时刻不忘对孩子有一颗宽容的心。

3. 积极投身课改，善于营造富有情趣的课堂。新的课程标准要求我们必须树立以人为本的教育理念，一个好教师一定会给孩子营造一个富有情趣的课堂。我们在平时的教学中，要创造性地使用教材，精心设计每一个教学环节，合理创设情境，构建民主和谐的课堂氛围，点燃学生心灵的火花，打开学生思维的阀门，陪伴着学生在欢声笑语中体验学习的快乐，提升思想境界，尽力用知识和教育智慧营造富有情趣的课堂。

4. 要保持良好的心态，优化自己的情绪。有句名言："你改变不了环境，但可以改变自己；你改变不了事实，但可以改变态度；你改变不了过去，但可以改变现在；你不能控制他人，但可以掌握自己；你不能预知明天，但可以把握今天；你不能样样顺利，但可以事事尽心；你不能延伸生命长度，但可以决定生命宽度；你不能左右天气，但可以改变心情；你不能选择容貌，但可以展现笑容。"学会保持良好的心态，优化自己的情绪，要正确地看待工作和人际交往中出现的一些问题，对荣辱得失要看得淡一些。对安排的一些工作任务要抱着一种肯定的态度，不牢骚、不埋怨，因为那是对自己的工作能力和修养的一种磨砺。

成长是一种快乐，是一种幸福。人的幸福其实就是一种感觉，是一种内心对于生命的感悟，是一种心灵的体验。对于幸福的教师来说，教育不是牺牲，而是享受；教育不是重复，而是创造；教育不是岁月的消耗，而是生命的延续；教育不是谋生的手段，而就是生活的本身！在平淡中享受教育的幸福，在工作中体验不期而至的快乐，在课堂上感受智慧的魅力和精神的愉悦……我想这才是为师者实实在在的幸福。

# 我们离名师有多远

福建长汀师范附小　赖荣明

作为坚守在闽西偏远山区长汀已35个春秋的一名语文教师，我曾经也和我的同伴们一样虔诚而仰慕地追问过："我们怎样才能成为名师？""名师离我们有多远？"因为在我的心目中，名师的思想是高不可攀的，名师的教学艺术是遥不可及的。

的确，真正引起我心灵顿悟的，是2006年10月《福建教育》编辑部举办的首届英才杯"智慧、互动、成长"全国青年教师风采展示大赛活动。那次我有幸见识了大名鼎鼎的孙建锋、孙双金、王崧舟等教育名师的课堂教学艺术风采，还和大师们有了面对面的对话交流。当时给我留下了最深印象的是孙建锋老师执教的《那深情的一跪》。在揭示课题后，孙老师让学生正确、流利地分段接读课文。只见他和蔼可亲地弯着腰站在学生身旁，替每个朗读的学生小心地拿着话筒。一篇课文轮读了十二个同学，他时而微笑，时而评价，时而鼓励，不急不躁，充满期待，充满关爱。当有个学生读得不流畅时，他关切地说："这段文字复印得有点模糊，不怨你。你把之前读得不流畅的这句再读一遍。"当这位学生还是没读流畅时，他又耐心地说："这么长的句子，而且是第一次读，读不好，还是不怨你，再读一遍吧！"好一个"不怨你！"正是孙老师的宽容、耐心，使这位学生战胜了自我，顺利地把课文读了下来；也正是孙老师的宽容、耐心，营造出平等、和谐的学习氛围，使课堂充满亲和力、牵引力。而令我怦然心动的，是在孙双金老师的《"走近李白"组诗》课堂上，当一位学生充满激情地诵读《秋蒲歌》后，孙老师激动地说："你就是当今的李白啊！能读到这个份上，太了不起了！"当学生说出这首诗的诗眼是"愁"时，孙老师又夸奖道："你看你多棒啊，一眼就看见了愁。多少人看不见啊！愁在心里，你看见了，李白看见了，写得飘飘洒洒。这就是李白，你也是当今的李白啊！"孙老师充满激励，充满赏识的课堂，碰撞出一串串智慧的火花。我深深地震撼了：这就是名师的课堂啊！这才是孩子们成长的精神家园！在这样充满关爱的和谐课堂里，孩子们怎能不出新、出奇、出彩呢？我的心灵在深深的震撼中慢慢觉醒：走近名师，首先要安顿好自己的精神家园，要有一颗对教育、对孩子的热爱之心。教育路上，我们所缺失的，所需要的不正是大师们这种宽厚的名师情怀吗？

于是，做一个有思想、有情怀的专家型名师成了我追求的目标。我开始研究斯霞、李吉林、于永正等名师的教学思想与教学风格，并认真审视自己的教学行为，在反思、实践、融合中，我的研学能力与思辨能力不断得到提升。

特别幸运的是，2011年8月福建省教育厅名师培养工程启动，我有幸成为福建省首批中小学名师培养人选中的一员。在余文森、成尚荣等专家的牵引下，我有机会到北京跟岗学习，到台湾做交流。我聆听了孙绍振、冯恩洪等许多教育权威的教诲，也有了更多的机会走进名师课堂，感受名师的教学风采和教学艺术，开阔了教育视野。在不断的反思、追问、感悟中我深刻地认识到：追寻名师，成就名师，必须经历从经验到思想的蜕变。

1. 树立目标，追寻心中那盏灯。由于教师工作压力大，强度高，往往会产生焦虑、挫折感等负面情绪，甚至可能怀疑或放弃自己的职业选择，这是教师成长中的危机。我对照名师培养方案，通过对研究成果、教学观点和特点以及存在的问题的自我分析，定位自己的发展目标和研究方向，制订出三年发展规划。我清楚地认识到：教师如果树立了个人专业发展目标，就会有前进的动力和激情，就能战胜自身的倦怠和惰性。名师成长路上，目标就像心中的指路明灯，指引着、照亮着、鞭策着我……衣带渐宽终不悔，为伊消得人憔悴，一路走来风风雨雨，苦苦追寻，无怨无悔。只因为心中有了那盏灯，我戒浮躁、耐寂寞，始终如一、脚踏实地地朝着自己的目标前进着、奋斗着。

2. 厚实底蕴，注重"三读"：读书、读人、读课。

（1）读书。有人说：没有阅读过名著的心灵是粗糙的，没有被感动过的情怀是枯涩的。只有被厚重的经典名著洗礼过的人，才能拥有细腻的心灵。老师丰富的语言对学生是一种滋养，丰富的文化底蕴对学生是一种召唤，洋溢着智慧的妙语更是对学生心智的启迪。为了厚实自己的文化素养，我从纷繁的环境下静下心来读书、思考。我读《论语》《诗经》《三国演义》《红楼梦》，读《呼啸山庄》《简·爱》《茶花女》《鲁滨孙漂流记》，读苏霍姆林斯基的《给教师的建议》《帕夫雷什中学》《把整个心灵献给孩子们》等经典名著，读《作文教学论》《研究性教学论》等教学理论书籍。不断地阅读，不断地学习，我在阅读中汲取书中的精、气、神。通过阅读，我丰厚了学养，打下了精神的底子，在成长道路上有了取之不尽用之不竭的源头活水。

（2）读人。读人就是走近学生，走近名师，了解学生的心理和个性特点，研究名师的教学思想和风格。课堂上，我蹲下身子，和学生平等对话，把爱的阳光洒向每一个学生。因为心中有爱，我教育的生活更具色彩，我的课堂教学也更具魅力。而每当夜阑人静，我则潜心思考，积极探寻名师成长的秘笈。我品析李吉林老师的情境教学策略，我探究窦桂梅校长的"主题教学"思想，我思考王崧舟诗意语文的教学真谛……我蓦然发现：走近一个名师，其实就是走进他思想的场域。只要我们用名师的思想和观点来关照自己，充实自己，让自己的知识面更宽广，就能在教学的疆域里"剑气合一"，在语文的家园里安身立命。

（3）读课。即通过听课、研课，发现名课的魅力，提高自身的课感。我从读课、研课中发现，名课的魅力主要体现在课堂调控和对课堂生成的处理上，体现在运用教育智慧的艺术上，比如导课的艺术，容错、纠错的艺术，激励、评价的艺术。名课的成败在于关注细节。如果我们把课堂比作一棵大树的话，那么细节就像大树的根须，为大树的成长输送着养分，这样课堂教学才更具智慧。读课，就是要关注教学细节，要从细节中体味名课、名家的教学艺术和教学思想。

读课的关键还在于文本解读。在文本解读的过程中，教者要先以"读者"身份挖掘课文的"原生价值"，再以"教者"的身份思考怎样体现文本的"教学价值"。然后，再查阅相关资料，对比中深入地阅读，感受文本的意境美、情趣美、形象美、人格美、语言美。接着确定教学主题，依据主题大胆地取舍材料，最后在虚拟的场景中呈现教学流程。这样，教师的视野就会由线到面，由窄变宽，从而被牵引到更深更广的空间，享受着破茧成蝶的幸福！

3. 聚焦生活，提炼教学主张。导师余文森教授认为：教学主张是名师成熟的"个人理论"，是名师的教育教学行为应当一以贯之的"魂"。为了拎出自己的教学之"魂",我聚焦生活,把自己教学中的一些思考、经验、做法进行梳理、加工、提炼,并升华为理论。我从长期进行的低、中、高年级作文教学研究入手,寻找教学主张切入点,把目光放在"小学生活化作文梯度序列"的研究上,探求如何实现教学"以生活为中心",让学生感悟生活、展示生活、回归生活,把生活的理念贯穿在作文、阅读教学中。经过无数个不眠之夜,经过无数次研讨与论证,我从理论的视角、逻辑的视角、学科的视角、教学的视角对"生活化作文"做了一次又一次的解读、思考与建构,我豁然开朗——作文教学需以培养学生的兴趣与能力为基础,让学生从生活中感兴趣的事物出发,激发写作的欲望,爱上写作,从中正确地认识写作对提升语言表达能力的作用,在作文教学中实现语言交际的真实需要。基于这样的思考,我确立了"生活化作文"教学主张,即通过生活引领写作、促进写作,把生活作为一份取之不尽的写作资源,让学生认识到作文的趣味性与适用性,把写作当成一种生活方式和交往方式,帮助学生在其中追寻更高品质的生活。

同时,我结合教学主张,构建了适用于低、中、高年级的作文教学模式:低年级以体验与积累为主,加强学生字词句段与写作细节的训练,培养写作的兴趣,实现用作文再现生活场景;中年级以引导观察为主,教师导学点拨为辅,拓展学生的想象力,实现在合作与修改中提升写作能力;高年级以自主学习为主,培养学生主动探究、主动表达的能力,实现依托作文表达真实情感。生活化教学实施有效促进了我的教学形式的转变,使作文教学变封闭为开放,变静态为动态,变单一为融合,变编造为写真,实现了作文教学回归原点"关注生活,关注学生语言的积累",回归本体"关注学生用语言表达生活,表达真情实感",回归落点"关注学生的习作能力和个性品质的发展"。

名师的目标,名师的追求,名师的精神,名师的情怀成就了我名师的梦想。

有人说,名师离我们很近。是的,名师来源于实践,反思于经验。名师的睿智与平实,宽厚与坚韧,流淌着的是热情的期待,真挚的关怀。

有人说,成就名师之路遥远而艰辛。是的,名师的素养、底蕴、智慧是长期积淀、淬炼成的。名师的教学主张是经验的反思和提炼,是理论与实践的积淀与融合,是教育精神和学科文化的卓越体现。只有不畏艰辛、勇于攀登、敢于超越的人才能实现名师的梦想。

但，只要我们心怀梦想，虔诚修炼，从心而出，外啄里啐，合契同情，一路追寻，我们就能一步步地跨入名师的行列。我们都可以自信地说："名师离我们并不遥远！"

# 梦想在课改中成真

福建长汀师范附小　赖荣明

1983年春天，正是映山红开满山坡的日子，初上讲台的我和课改有了一次美丽的邂逅。当时，龙岩市普教室开展作文教学改革课题实验，学校推荐我承当"小学低年级作文提前起步"的实验。

因为课题实验，我认识到自身的知识与能力还比较匮乏，我开始阅读理论书籍，学习查找、整理资料，学着做读书摘抄。在图书馆、阅览室里，我乐不思蜀，吮吸着知识的佳酿美醇。我读《福建教育之窗》《福建教育》《小学语文教学》；我读唐诗宋词、童话、科幻故事；我读教育故事、文学名著。不同类型的阅读，开阔了我的视野，提高了我的文学底蕴。渐渐地，我感到我的语感、课感以及写作能力有了明显的增强。

因课题实验，听课、课题汇报成了我的常规性、阶段性任务，给了我拜师学艺的机会。通过对每一堂课的观察与思考，我意识到解析教材内容对教师上好一堂课的重要性。于是，我养成了在每堂课前，必先多次钻研教材的习惯，而正是这个习惯，让我从中总结出了备课的重要"三读"。一是反复朗读课文，把课文读通、读懂，保证教学内容的正确性、科学性。二是查阅资料，了解人文、地理、时代背景，读出课文背后的意思，思考教学内容的知识结构及设计思路。三是看课后"思考与练习"，把握教学的重点、难点，并根据教材特点，发现教学的独特意义和价值。

阅读与听课丰厚了我的语文素养，我开始对低年级作文提前起步有了一些思考。作文提前起步关键是要丰富低年级学生的语言积累和生活积累，提高低年级学生的读写能力。老师怎样领着学生一起阅读？借助阅读怎样培养学生写句连段能力？教学中怎样准确把握教材？怎样借助教材培养学生的说话写话能力？

在课题实验中我发现，大部分低年级学生较少接触大自然、接触社会，缺乏一定的生活体验和经历，导致了在写作时，常常无话可说，不会表达真实情感。所以，我不再把作文课局限在有限的教室空间内，常常带领学生走出教室、走出校园，到田野、街市、商场中，去"触摸"真实的生活场景，为学生打开写作的思绪。1985年秋天，当我带着研究成果《低年级作文提前起步的尝试》，在龙岩市课题成果展示会上汇报交流时，面对领导、前辈们热诚、赞赏的目光，我的心中涌动着阵阵暖流。那"小荷才露尖尖角，便有蜻蜓立上头"的欣喜，如同一支火炬，点燃了我做一名反思型、研究型教师的梦想。

　　从那之后，我便下定决心，要在小学作文教学改革上做出一番成果。首先，我考虑了从低年级向中年级转变的作文教学。中年级的学生与低年级有所不同，他们经过低年级的写作训练，积累了一定的写作基础，拥有比低年级更多的倾诉欲和更强的表达能力。所以，我想着把教学重点放在培养孩子写"真实具体"上，要求孩子通过留意生活中的人、事、物，将观察到的某一具体现象用文字描述出来，以此提高写作的能力。可经过一段时间的考察，我发现这样做的效果并不理想，仍有许多学生的作文内容是胡编乱造的，甚至在一次教学质量抽检中，我所带的实验班语文成绩竟低于平行班的成绩。一时间，怀疑与指责声在我身边响起。我不得不重新审视自己的教学方案。

　　为了找寻教学中的缺陷，我回到了阅读中去寻求答案。经大量查阅资料，我从薛法根、于永正的作文教学中受到了启迪。我发现，我只考虑到让孩子们结合具体事物来写作，却没有意识到不同事物的写作角度、写作手法和写作立意是不同的，孩子们弄不清怎样真实地去描述不同事物的不同"具体内容"。有了这样的认识，我赶忙做了几次实验分析诊断，根据寻找到的理论依据，重新修正实验方案，用三个月的时间编印了课题实验作文训练教材。我把三、四年级30个基础训练中的29个作文训练内容划分为叙事类、人物描写类、写景类、状物类、场面描写类五个板块进行重组，根据"真实具体"的实验目标，着手进行"导法、悟法、用法、评议"的四程序作文教学试验，力求实现学生从类的认识到把握具体事物特征，形成系统的写作思想体系。修改后的教学符合中年级学生的认知规律，有效调动了学生的学习积极性，中年级作文改革实验达到了预期的效果。

　　有了中年级作文改革实验的积淀，我进一步思考了高年级的作文教学策略。考虑到高年级学生在认知水平、知识掌握量以及语言表达能力上已比较成熟，我尝试以"自能作文"为改革方向，把写作训练的主动权交还到学生手中，激发学生自主写作。但在实验初期，许多老师并不认同我提出的"先练后讲"的教学方式，实验方案难以推广。对于我采取"学生自主习作、自主修改作文"的做法，有些家长责问道："如果学生自己都会学了，还需要老师做什么？"带着大家的质疑，我不得不重新思考，把作文自主构思、自主修改的权力还给学生，让学生自主参与、内化语言，教师应该怎样把握好从"扶"到"放"的"度"？课堂上，教师又该如何处理好"主体"与"主导"的关系？

带着这些疑惑，我进行了多次的观课、察课，从中尝试总结课堂教学的规律与优缺点。我认识到，教师的"导"是为了促进学生的"学"，教师需要把"导"放在关键的重、难点上，辅助学生解开每堂课学习的盲点与疑点，指导学生正确的学习方式，这样学生的自主学习才能发挥出真正的效果。于是我总结了"观察体验，激发情感；尝试习作，倾吐情感；分组评析，交流情感；教师讲评，点拨异法；自我修改，改中提高；赏优纠差，全面提高"的"六步教学法"，层层渗透，让学生对写作形成由浅及深的认识，生成一定的学习理念，提升写作的技巧，让每一个学生都能在训练中认识到自己的不足之处，在改正中获得进步。

2010年8月福建省中小学名师培养工程唤起了我的新梦想——做一个有思想、学者型的新型教师。我知道，要成为一个这样的教师，就必须具备敏锐的思考力。长期的教育叙事研究，为此打下了良好的基础。定期的教育叙事，让我总能在第一时间发现教学中的问题并及时做出修正，在这过程中，我通过反思、实践、分析，锻炼了研学能力与思辨能力，并根据剖析与总结已有的教学经验，形成了一套自己的教学主张。

我从长期进行的低、中、高年级作文教学研究入手寻找教学主张切入点，把目光放在"小学生活化作文梯度序列"的研究上，探求如何实现教学"以生活为中心"，让学生感悟生活、展示生活、回归生活，把生活的理念贯穿在作文、阅读教学中。经过无数个不眠之夜，经过无数次研讨与论证，我从理论的视角、逻辑的视角、学科的视角、教学的视角对"生活化作文"做了一次又一次的解读、思考与建构，直到一天，我豁然开朗——作文教学需以培养学生的兴趣与能力为基础，让学生从生活中感兴趣的事物出发，激发写作的欲望，爱上写作，从中正确地认识写作对提升语言表达能力的作用。基于这样的思考，我建立了属于我的"生活化作文"教学主张，即通过生活引领写作、促进写作，把生活作为一份取之不尽的写作资源，让学生认识到作文的趣味性与适用性，把写作当成一种生活方式和交往方式，帮助学生在其中追寻更高品质的生活。

同时，我结合教学主张，构建了适用于低、中、高年级的作文教学模式：低年级以体验与积累为主，加强学生字词句段与写作细节的训练，培养写作的兴趣，实现用作文再现生活场景；中年级以引导观察为主，教师导学点拨为辅，拓展学生的想象力，实现在合作与修改中提升写作能力；高年级以自主学习为主，培养学生主动探究、主动表达的能力，实现依托作文表达真实情感。"生活化作文"教学实施有效促进了我的教学形式的转变，使作文教学变封闭为开放，变静态为动态，变单一为融合，变编造为写真，实现了作文教学回归原点"关注生活，关注学生语言的积累"，回归本体"关注学生用语言表达生活，表达真情实感"，回归落点"关注学生的习作能力和个性品质的发展"。

教学改革的过程虽然艰苦，却令我回味无穷。在课题中磨砺，在课改中反思，在研修中提升，构成了我专业成长的路径，成就了我的名师梦想。回眸成长之路，感念深深，在这漫长的修行路上，我虔诚修炼，从心而出，外啄里啐，合契同情，在未来的课改征途上，我将不忘初心，继续前行！

# 做一个"有质量的老师"，必须读书、读人、读课

福建长汀师范附小　赖荣明

课堂是生命绽放的田园，在这绿色的田园里，花朵吐蕊的羞涩，在等待中绽放；竹节拔高的脆响，在等待中聆听；破蛹化蝶的美丽，在等待中惊喜；生命的成长，在等待中扎根延伸。要让生长在这片沃土上的孩子们绽放生命的异彩，我们必须从厚实自身的底蕴做起，读书、读人、读课。

读书是提升自身素养的最好滋补品。在祖国几千年历史文化的长河中，诗词曲赋、经典名著灿若群星。读书要多读名著，多读经典。从古至今，这些文化瑰宝洗涤过多少粗糙的心灵，感动过多少枯涩的情怀。是的，只有被厚重经典名著洗礼过的人，才能拥有细腻的心灵，感恩的情怀！名师的课大气，语言精彩，富有感染力，就是因为他们自身有着丰厚的语言素养和文化底蕴。课堂上，老师丰富的语言对学生是一种滋养，丰富的文化底蕴对学生是一种召唤，洋溢着智慧的妙语更是对学生心智的启迪。做有质量的老师就是在纷繁的环境下能够静心下来读书、思考。读书，是教师的本分，也是教师保持智慧鲜活、散发人文气质的唯一途径。当今社会，学生的视野和感知世界的途径越趋广阔，教育的生态环境和课堂细节越趋复杂。教师一旦停止学习，结束"自我更新"的状态，就会迅速成为"风雨中的雕像"，课堂也将味如嚼蜡。

阅读要读经典，特别要精读几本经典，反复地读，来回地品。经典，可以打下精神的底子，成为我们成长道路上取之不尽用之不竭的源头活水。同样，经典的教育理论著作和文学名著都是教师专业成长的必读之书。如果教育理论建构的是知识体系的骨架，那么文学经典阅读生成的就是知识体系的血肉，骨架和血肉相依相偎，才能让我们拥有完整的生命。比如我们可以读《论语》《道德经》《红楼梦》《平凡的世界》《呐喊》等经典名著，可以读《童

年的秘密》《给教师的建议》《教育漫话》《教育人类学》等教育理论著作，可以读《红字》《复活》《哈姆雷特》《约翰·克里斯多夫》《红与黑》《简·爱》《呼啸山庄》等外国文学名著，还可以读《红鞋子》《长袜子皮皮》《秘密花园》《草房子》《安徒生童话全集》《木偶奇遇记》《海底两万里》《苏菲的世界》《小王子》等儿童经典。不断地阅读，不断地学习，我们才能有效地汲取书中的精、气、神。

　　读一本好书可以丰富我们的思想，在读书的同时，我们还要注重读人、读课。读人就是走近名师，研究名师的教学思想和风格。走近一个名师，其实就是走进他思想的场域。我们要用他的思想和观点来充实自己，让自己的知识面更宽广。除了读人还要读课，通过多听课，多思考，提高自身的课感。不难看出，年轻老师和名师的课差距主要体现在课堂调控和对课堂生成的处理上，而名师之所以发挥出色，是因为他们在运用教育智慧的基础上善于积累。年轻教师要想成长，就需要从名师的课例中体验他们的教育智慧。向名师学习，我们应该关注他们的教学细节，比如，他是如何导入新课的？他在学生出错时是怎么引导的，他说话的语气如何？他怎样评价、表扬和鼓励学生的？这些看似不起眼的课堂细节，都非常值得我们去学习和借鉴，因为那是他们教育智慧的直接表现。如果我们把课堂比作一棵大树的话，那么细节就像大树的根须，为大树的成长输送着养分，使课堂教学更具智慧。

　　做一个有质量的教师，关键还要学会备课。备课要备学生、备教材、备教法，也包括备自己。备课是人文精神、语言能力的融合。在课堂上，重要的不是听学生发言的内容，而是听其在发言中包含的心情、想法，与他们心心相印。我们应当追求的不是"发言热闹的课堂"，而是"用心地相互倾听的课堂"。

　　备课，首先要解读文本。准确地解读文本，是上好阅读课的前提。我们要从普通读者欣赏性的阅读，到学生学习，再到教师教学这三个角度，一步一步地潜心研读文本，把握其语言特点及人文内涵。也就是说，在每一次阅读文本前，先不查看任何评论，不搜索任何与之相关的资料，静下心来努力深入文本的字、词、句，甚至是标点中去理解，去发现。先以"读者"身份挖掘课文的"原生价值"后，再以"教者"的身份思考怎样体现文本的"教学价值"。这样做，就是为了不让别人的理解和观点影响自己的感受和认知，不带着"现成经验"去验证或批判文本，而是自己努力成为文章的知己。然后，再查阅相关资料，对比中深入地阅读，感受文本的意境美、情趣美、形象美、人格美、语言美。接着确定教学主题，依据主题大胆地取舍材料，最后在虚拟的场景中呈现教学流程，写出教案。

当我们经过"艰苦"的学习或备课之后，我们由一无所知，到略知一二，到恍然大悟，到铭记于心，再到内化出自己的语言与思考。我们的生命多了一份重量，我们在人类广袤的文化原野上就开辟了一块属于自己的新天地。这样的生命体验聚集多了，我们的视野就会由线到面，由窄变宽，从而被牵引到更深更广的空间，这就是破茧成蝶的幸福！

# "互联网+"时代教师角色的定位

福建长汀师范附小　赖荣明

从古至今,"传道、授业、解惑"是教师的基本职能,但在"互联网+"时代,慕课、翻转课堂、明日阅读、明日学校等的出现为教育打开了新的大门,教师的职业生涯也面临着新的挑战。然而,"互联网+"对教师教育的冲击并不是淘汰性的,而是迫使每一个教育者去直面现实:教师仅仅作为知识的传递者是远远不够的。在"互联网+"背景下,教师应具备怎样的能力?教师的角色该如何定位?

## 一、教师应为学生心灵的呵护者

随着网络技术的发展,信息化、数字化学习成为人们获取信息和知识的重要渠道和方式,但从儿童的心理特点及成长规律而言,教师的引导、教化功能不是网络能够替代的。我们常常听家长们抱怨:"现在的孩子有一台电脑、一部手机就可以玩个一整天。不出门,不爱搭理人家,都成低头一族了。"是啊,五彩斑斓的网络世界对孩子充满诱惑力。可对于缺乏辨别能力和自制能力的少年儿童来说,网络是把双刃剑,引导得好,有利于学习,听之、任之,良莠不分,沉迷于网络,则不利于儿童的身心发展。

喧嚣、虚幻的网络学习是缺乏情感的单向的吸纳性学习,带给孩子的是空虚和孤寂,容易养成孩子孤僻、冷漠、浮躁的个性。教育是充满温暖的爱的事业,学生的学习过程应是充满活力的生命历程,是师生的合作过程。在学生的学习过程中需要交流、沟通,需要老师的关心和呵护。台湾知名学者洪兰教授说:"孩子最大的恐惧是没人爱,被拒绝是他们最害怕的地狱。"在网络信息环境下学生的学习活动需要教师的组织、引导、参与;学生的学习过程离不开与老师的心灵沟通、情感交流;学生的学习成果需要老师的欣赏、评价和真情分享。当学生遇到困难时，希望老师倾听他的诉说，并得到老师的鼓励和帮助；当学生成功时，希望老师与之分享成功的喜悦；当学生犯了错误时，更需要老师倾听、包容和呵护。有时候教师的一个眼神、一个抚摸、一声鼓励都会潜移默化地激励学生，这种教化功能是任何网络功能所不能比拟的。因此，在网络学习交流中，特别是在构建信息技术与课堂教学深度融合的课堂模式中，学校应建立能满足学生需求的信息技术的有机整合系统，充分挖掘信息平台的应用性、互动性、综合性、联系性等功能，使教师、学生、家长成为信息化使用、享受的主体。这样，借助开放的网络教育资源，构建自主、平等、民主、和谐的学习环境，培育学生积极向上、尊重宽容的良好个性品质，从而促进学生的健康成长。

## 二、教师应为学生学习兴趣的激发者

学习是一种选择性的过程。如果过分强调发挥网络平台在知识传授、能力培养方面的职能作用，而教学过程以播放、展示课件媒体为主要手段，教材成为"链接产品"，教师成为"知识遥控器"，学生成为"知识接收器"，那么学习过程便成为一种顺向接受、静态复制、被动适应的过程，就会抑制学生个性品质和知识能力的发展。而学生的学习兴趣和情感体验是紧密联系在一起的，不同的学习兴趣会产生不同的学习体验和学习期待：带着内在学习兴趣的学生，其学习是积极主动，充满快乐的；带着外在学习兴趣的学生，其学习是低效的。因此，激发学生强烈的求知欲望，引导他们积极思索，是培养学生自主学习的起点。在教学过程中，教师要根据教学目标和需求采取相应的教学手段和教学策略，激发学生内在的学习兴趣和学习动机，形成强大的学习内驱力，使学生在愉悦的学习情境中积极主动地学习。比如在语文活动课《古诗乐园》中，我借助网络媒体把古诗这一灿烂的文化瑰宝置身于"乐园"之中，让学生赏中乐，演中乐，吟中乐，画中乐，赛中乐。面对色彩斑斓的诗词"乐园"，学生赛中吟诗，演中说诗，画中作诗，自吟自悟，自赏自乐，兴趣盎然，他们在新颖、独特、充满趣味的活动中，感受到学诗的乐趣和人文情怀。

### 三、教师应为学生学习方法的指导者

信息化时代，信息技术打破了人与人之间的时空界限，学生的文化知识不再是单一地从教师的"传授"中获取，他们可以通过网络平台便捷、快速地获取自己学习中所需要的知识。因此，在"互联网＋"时代，教师不仅仅是文化知识的传播者，还应是学生学习方法的指导者。教师要充分调动学生学习的主动性和积极性，挖掘信息平台的应用性和互动性功能，指导学生懂得如何通过网络平台获取自己所需要的知识，掌握获取知识的工具以及学会如何根据认识的需要处理各种信息的方法，使学生成为信息化使用和享受的主体。

1. 培养学生获取信息的能力。即学生在学习过程中能根据自己的学习目标及需求，积极主动地、有目的地通过互联网、电子书、报纸杂志、电视媒体等发现信息，并收集、获取、积累自己所需要的信息材料。

2. 培养学生分析信息的能力。即通过网络化学习开阔学生的视野，丰富学生的生活内涵，并在良莠兼蓄的学习活动中，根据教学目标指导学生从获取的信息资源中甄别筛选出自己所需要的信息材料，判断它的可信度，并对真实有用的信息资源进行分类、归档。

3. 培养学生信息加工的能力。即指导学生将获取的信息根据需求进行综合加工，并结合自己原有的知识，重新整理、存储，并能够简洁明了地传递给他人。

4. 培养学生信息创新的能力。即指导学生在进行信息筛选、加工的时候，能够通过归纳、综合、抽象、联想的思维活动，去伪存真，找出相关性、规律性的线索，或者能够从表面现象分析出事物的根源，在获得富有创新性的信息资源中培养其创新能力。

5. 培养学生运用信息资源的能力。即指导学生充分利用所掌握的信息资源，培植其内在的价值取向，并通过信息技术或其他媒体手段，分析、判断、运用信息，提升其运用信息资源的能力。

6. 培养学生交流信息的能力。即指导学生借助信息技术，通过开放性学习，丰富自身的文化底蕴，开拓学习视野，并能够通过互联网等平台拓展自

己的交流范围，加强与他人的联系和协作，从而提高自己运用网络信息资源快速有效地解决问题的能力。

### 四、教师应为学生潜能的发掘者

儿童极具可塑性，他们身上蕴藏着巨大的创造潜能。因此，教师必须借助网络平台，通过创造性的教学活动，激活学生的创造潜能，最大限度地发掘学生的内在个性潜能，促进学生核心素养的全面发展。如在小学作文教学中，为了把习作主体潜在的想象力、创造力和表现力——即鲜活而强悍的"生命力"尽情地释放出来，我利用网络习作平台还学生自主创新的习作自由，让学生自由命题、自由习作，无拘无束地畅所欲言。就习作题材而言，学生可以写记叙文、童话，也可以写随笔、心得、书信、产品说明书、介绍信、小报道、诗歌……就习作内容而言，学生可以描写生活中的感人事迹和高尚情怀，也可以写真实有趣的平凡生活；可以描写眼前秀美的景物，也可以憧憬幻想奇妙的未来世界；可以写"大江东去"，也可以写"小桥流水"；可以与老师商榷，也可以与大师对话……学生拥有自由飞翔的心灵，创新潜能得到发掘，他们在自由的空间里用"我"的自由之笔，写"我"的自得之见，抒"我"的自然之情，生"我"的自在之趣。比如学了《麻雀》这课后，一位学生质疑：猎狗走后，小麻雀是怎样回到窝里的？抓住这一训练契机，我引导学生展开讨论并续写一段话。学生有的想象老麻雀叫来同伴齐心协力将小麻雀驮回窝里；有的想象两只过路的猴子把小麻雀抱回了窝；有的想象一只高大的长颈鹿把小麻雀轻含在嘴里送进了巢；还有的想象一只大天鹅让老麻雀抱着小麻雀坐在它宽厚的背上，带他们飞回了家……学生的想象多么富有创意！

### 五、教师应为课程教学的研究者

互联网改变教育，新技术重建课程。我曾有幸参加了福师大和网龙华渔举办的"互联网＋阅读"百校校长研讨会。"互联网＋阅读"即"明日阅读——明日创作——明日学校"。"明日"寓意希望、温暖、进步和持续，希望今日的努力，会让明日更美好。这是台湾陈德怀教授开发、研究的一个课程项目。互联网改变了学生的阅读方式，促进了学生的改变和发展。从校长、教师身教式持续阅读、建立阅读兴趣、形成阅读习惯并进行阅读分享，到建立网上书店卖书、推荐书籍，使用葵币购买物品装饰书店，建立信息化习作平台，提高创作能力，每一个环节都离不开教师的榜样示范、身体力行。因此，在"互联网+"时代，网上虚拟的"学习村落"让"村民"可以在网络上开授课程，做到教学相长。网络可以传递与交换知识，但课程的学习、研究终究离不开教师。所以要充分发挥教师在课程学习、开发和研究中的主体作用，借助信息技术媒体功能为学生创设生动、有趣的学习情境，开拓互动、多元的教学空间，建设智慧课堂和人机交流互动的网络学习空间。在促进课程向地方化、校本化、个性化、综合化发展的进程中，实现信息技术与课程教学的有机融合，提高网络情境下课程教学的研究和实践水平，促进学生素质的全面发展。

总之，"互联网+"时代，信息技术打破了人与人之间的时空界限，在给教育带来日新月异的变化的同时，也必将给教师的角色职能带来新的挑战。

# 有一种幸福叫阅读

福建泉州台商投资区惠南实验小学　郭梅玲

十几年的语文教学，经历了太多的教学理念、教学方法、教学模式的创新与变革，我们也曾马不停蹄地追逐着，忙得语文教学花样百出。诚然我们感受到了语文教学前进的步伐，然而，在这忙碌中，我们是否思考过，在语文教学的缤纷色彩中，它的底色是什么？我们需要坚守什么？

于是乎，我想起了犹太人。

犹太人嗜书如命，将书籍视为生命的必需品。他们会在书上涂一层蜂蜜，让孩子一生下来就知道书是甜的，让孩子们喜欢书、爱上书。书带给了犹太人非凡的智慧，请看这些伟大的名字——马克思、爱因斯坦、卓别林、摩根、毕加索……在全美100多名诺贝尔得主和200名最有影响的名人中，占美国总人口2%—3%的犹太人占了榜单的一半。一个民族获得这些杰出的成就，靠的是什么？我想是阅读，是书籍，是犹太人精神成长历程中对书籍宗教般的虔诚。

那么，在条件观念相对陈旧、条件相对落后的农村，我们要怎样给孩子创造阅读的条件呢？

## 一、改变，从观念入手

1. 改变教师的教育理念

作为教师的我们，要给予孩子的不仅仅是那一个个看似可观的成绩，更重要的是为孩子的一生成长奠基。在每一次的业务学习与教学研讨中，我们想方设法让老师们明白，语文学习不是单向的语文知识的传授，更不是大量的题海战术。语文能力的培养，更重要的是要让学生广泛阅读，接受优秀文化的熏陶，涵养心灵世界。作为语文教师的我们应有这样的坚守：语文学习，得法于课内，得益于课外。

2. 改变家长的思想观念

阅读关系着孩子的一生，书是给孩子一件最好的礼物。但是，在农村，很多家长的观念落后，经常给孩子买新衣服、买玩具、买零食，却很少带着孩子逛书店。他们认为把课本读好就行了，读那么多书也没用。我校利用家长会大力向家长宣传读书，让家长明白，衣服可以少买，书却不能少看，坚持阅读能丰富孩子的知识，增长孩子的见识，滋养孩子的心灵，提高孩子的语文素养。

3. 改变孩子的消费观念

的确，由于家长的观念、经济条件的限制，农村的孩子特别是外来务工人员的子女不能像城里的孩子一样，什么时候想看书就有书看，什么时候想买书就能买。通过调查，我们发现，逢年过节，孩子们都有一笔可观的压岁钱。因此，每次放寒假，我校都会布置一项特殊的作业：每一个同学要用自己的压岁钱买4本以上的课外读物，等到开学的时候把各自的书集中起来放到各班的图书角里，而这些书就是他们这一年的精神粮食了，同学们管这叫"资源共享"，花最少的钱看最多的书。慢慢地，一些孩子们也会把平时的零花钱攒起来买书，享受阅读的快乐。

## 二、阅读，全"家"总动员

1. 师生阅读

对于教师，特别是对于语文教师而言，阅读是生活必需的方式，是教学的源头活水。魏书生老师的《班主任工作漫谈》、李镇西老师的《爱心与教育》在班级管理方面给了我们有力的指导；埃·德·阿米琪斯的《爱的教育》让我们深深地感悟到爱是教育力量的源泉，是教育成功的基础；施茂枝老师的《多维视野下的语文教育》、窦桂梅老师的《做一名有专业尊严的教师》指导着我们用文化的神韵去润泽学生的心田；吴非老师的《不跪着教书》让我们懂得了哪怕是一名普普通通的人民教师，也必须有铮铮铁骨……

作为教师的我们，不仅要读专业书籍，还要读一些儿童读物。我常常跟孩子们讲："在老师读小学的时候，由于家庭经济的原因，不能像他们一样拥有这么多的课外读物，经常是为了借一本书，跟在人家屁股后面转了好几天，人家才肯借我一天。为了把好不容易借到手的书看完，只好通宵达旦。现在，在你们的图书角里，有好多书老师小时候都没有看过，能允许老师和你们一起借书看吗?"孩子们听了，可高兴呢！这样一来，可以说收到了一举两得的效果：师生共阅读，让我们更深刻地了解了儿童的内心世界，大大地提高了班级管理效率；另一方面，在与孩子们的共同阅读中，我们在无形中已成为孩子们的学习榜样。只有当我们和孩子们一同走进书的王国，我们才会发现这比任何的说教更能激发孩子们的阅读兴趣。

2. 亲子阅读

家长是孩子的第一任老师，他们的一言一行、一举一动都会对孩子们产生重大的影响。通过调查，我们了解到很多家长晚上都不用加班，这段时间他们不是看电视就是打麻将，给孩子带来了许多不良影响。于是，我校提出了"亲子阅读"的倡议，提倡父母和孩子一起阅读，每周给孩子写一次阅读评价。接着，我们又组织评选"最美亲子阅读照""最佳阅读评价语""阅读伴我成长征文比赛"等活动。

一段时间后，我们惊喜地发现我们的努力已初见成效。有的家长在反馈表中这样写道："这段时间以来，孩子似乎懂事多了，不会像以前那样不听话。通过和孩子一起阅读，我真切地感受到以前教育孩子的方式存在问题，以前只要孩子一出现问题，我不是打就是骂。现在想一想，自己教育孩子的方法也有问题！真没想到，亲子阅读不但提高孩子的写作水平，也提高了我教育孩子的水平。"

亲子阅读给孩子带来的收获，优化了家庭教育方式，也更坚定了我们坚持走阅读之路的决心，我相信孩子一定会在潜移默化中养成良好的阅读习惯。

每一个学生的生命成长过程都是不可重来的，每一个学生的心灵世界都需要书籍来滋养。阅读是源头活水，是幸福之源，让我们带领学生这涓涓细流汇入广阔的书籍海洋，体验阅读的幸福之旅！

# 一叶一菩提，一花一世界

福建长汀师范附小　曹荣英

题记：

做自然笔记，让孩子们变得对周围的一切都很有心，那一景一物在孩子们的眼里瞬间变得格外温情。这不正是我所希望的吗？

## 缘　起

谈起做自然笔记还得从 2016 年寒假说起，那时"兴视野"微笑阅读机构和长汀县教师进修学校联合组织了"兴视野阅读微笑 21 天读书活动"。在这次活动中，我有幸读了美国作家克莱尔和查尔斯的《笔记大自然》。这是一本指导如何给大自然书写日记的入门书。在日记的字里行间，有流动的色彩，有凝固的字迹；有停驻的脚步，有飞扬的神思……其美感难以言喻，其宁静无以形容。似乎，所有珍贵而不被注意的，都选择隐遁在这朴素的一本书里。

## 入　迷

我很快便迷上了做自然笔记。我开始放慢脚步，开始留心以前从没有留意的一花一草、一景一物，并把它们都记录在了我的自然笔记上，当然还记录了我当时的心境和感触。不知不觉中，我已经做了近五十次的自然笔记，我的绘画能力、观察能力、表达能力都有了长进。最主要的是我的内心变得更加从容，更加宁静。正如泰戈尔《飞鸟集》中的一句诗："最好的东西不是独来的，它伴了所有的东西同来。"自然笔记就是这样的"好东西"。

## 传　递

好东西是要分享的。我特别愿意把这份美好带给更多的人。于是我带班上的学生做自然笔记，给办公室的同事们介绍自然笔记，带动我以前的实习生——现在在农村小学教书的年轻老师做自然笔记，甚至在红山——长汀最边远的山区中心校送教下乡时，也给那里的孩子们介绍自然笔记……这学期，我又接了一个新班级。开学第一天，我便把我的自然笔记本带到了教室。我一页页地翻着，一个个故事随即出现在我和孩子们的眼前。我饶有趣味地和孩子们聊起了自然笔记。孩子们细细地看着，静静地听着，眼里满是欢喜。我趁热打铁地告诉孩子们做自然笔记的准备事项以及具体方法。那天中午，我布置孩子们留心观察周围的事物，并带一样素材（可以是一片落叶、一朵小花、一颗果实、一株野草，还可以是一只小蚂蚁、一只小蜗牛）到学校，和老师一起做自然笔记。那天下午，我在教室里带孩子们开始了第一次的自然笔记。孩子们备感新鲜，虽然有的孩子观察还不够细致，有的孩子画得很幼稚，有的孩子记录的内容特别简单，但他们终于迈出了第一步。

## 敏　感

我觉得只要不断尝试就会有进步。果不其然，当我布置孩子们周末再做一次自然笔记时，我发现孩子们记录的内容越来越丰富，不仅有花、有叶，还有可爱的小动物，甚至还留意了冰箱上放着的假花；观察越来越细致，不仅留意了花草的颜色、形状和气味，还了解了动物的外形和习性；语言越来越有趣，有了许多充满童真、富有诗意的表达。如陈雅娴觉得"用各种叶子做出来的香水一定很好闻"；马丽芸由那粉色的花想到了"小风车"，想到了"学校国旗上的小星星"；赖晨曦看着冰箱上的一束假花，脑海中满是回忆……

因为做自然笔记，孩子们变得对周围的一切都很有心，那一景一物在孩子们的眼里瞬间变得格外温情。这不正是我所希望的吗？

## 生　活

诚如美国作家芭芭拉·金索沃尔《种花种菜种春风》的封面题词："你以为错过的只有泥土，其实，错过了整个生活。"愿孩子们走进自然，爱上自然，享受生活中的这份宁静与美好。

# "读"行天下，有境界则自成高格

福建龙岩连城县实验小学　傅瑞香

读完《王崧舟讲语文》一书，脑海中深深烙下一句话："读行天下，有境界则自成高格"。他的语文人生的成长足迹，正是我苦苦思索而不得的！于是我细细地阅读，细细地思考，那充满智慧的文字唤醒着我内心的某种期待。于是，我有了前进的方向和动力！

王崧舟老师说，人生应该有四种境界。"境界不同，对职业和人生意义的体验和解释也就不同。"首先是功利境界。著名心理学家马斯洛告诉我们：人生的第一个需求是生存的需求，即满足人们吃和住的最基本需求，第二个需求是安全的需求。而教师正是满足这两个需求的职业之一。这个阶段的人具有"鼠目寸光"的特点，把教书作为生存的饭碗，好好教书，才能好好生存。这是人生重要的一个阶段。但是如果始终停留在这个境界，单纯只是为了赚钱而教书，为了老有保障而教书，为了安稳而教书，王崧舟不客气地说："老师啊，您是要了一辈子的饭啊！"

人与人的不同，生命与生命的不同，就在于处于人生低谷的时候做了什么。是弃教从政，或弃教从商，还是消极应付，还是"孤独沉潜"，每个人都有自己自由的选择。在讲求短、平、快的商业社会，王老师选择的是后者，他在这个阶段重点做了两件事：一是听课，二是读书。正是这两件事使他的语文人生进入了第二重境界：道德境界。他说在这个阶段，他听了大量的课，每年累计不少于200节，而且绝大部分都有记录，有反思；读了大量的书，宗教类的，哲学类的，文学类的，美学类的，读得懂的，读不懂的，反正都通读！历史上有许多伟大的人物，在他们众所周知的声誉背后，往往都有一个人所不知的身份，便是终身读者。正是这五年的沉潜，肚子里装了上百本书，上千堂课，慢慢发酵，慢慢酝酿，慢慢融入生命中的每一根血管、每一个细胞，在平静的底下，生命的能量不断在灌注，不断在膨胀。

水库蓄的是水，其实蓄的也是能量。王老师这种灌注和膨胀积累到一定程度，自然而然的，人生便迎来了"一鸣惊人"的阶段，生命便进入了第三重境界，那就是科学境界，也就是我们经常讲的要做科研型的老师。这时你就不是为谁而活了，你是在为学问而活了。你总是想方设法提高学生学习的效率，不断更新自己的理念和方法，"怀着一种憧憬、怀着一种期待、怀着一种惊奇进入了课堂。""你在试验你的思想，你在考量你的做法。"你在教学过程中找到了做学问的趣味。正如孙悟空，他已不再动不动就与师父闹矛盾，不再动不动就要回花果山当他的山大王，他已将护送师父当作自己的使命，是自动自发的一种行为，他已对佛法有了一种期待，对修成正果有了一种憧憬。

格物，致知，正心，诚意，修身，齐家，治国，平天下。读了王崧舟老师的书，我才知道要成就一番事业也是有迹可循的，先走哪一步，后走哪一步是不能由着你的性子来，必须照章办事。由年少时"崭露头角"的意气风发，到"孤独沉潜"时的读行天下，再走过"一鸣惊人"时的行色匆匆，王老师的人生便迎来了第四阶段，叫"开创流派"，人生也就进入了第四重境界，那就是生命境界了。时间就是生命，你每天都在消耗自己的生命，并为更多的生命付出，期待"生命与生命之间的交流，生命与生命的沟通，生命与生命的美丽邂逅。""支付的是生命，结缘的是生命，最后收获的还是生命。"

这就是享受课堂，你进入了怎样的生命状态，就注定你将收获怎样的生命。这种境界就是"色不异空，空不异色"，就是"亦剑亦气，剑气合一"。这时你的职业幸福感便油然而生了。因为一个人只有深深享受的时候，生命才能全然敞开，才能率性自在，才能不断获得自我实现的高峰体验。

生命具有模仿的天性，在一个群体行为中，80%是跟从者，16%是中坚力量，4%是先行者。读完了这书，我也一直在思考，我现在处在什么境界，应该向怎样的境界奋斗。在每一堂语文课上，我是在享受，还是在备受煎熬？我为那些力图获得新知的生命们，付出了怎样的努力？

每一次合上书，每一次都对王老师"孤独沉潜"时"读行天下"的快乐体悟有一股惊心动魄的感觉，有一种汹涌澎湃的感动。我是要做80%中的一员，还是力争成为16%中的一分子，抑或朝着4%的少数者追求？但不论会成为谁，无疑地，学习就对了，行动着就对了。

每一次合上书，每一次都对"读行天下，有境界则自成高格"这一句话有一种回味无穷的不舍。想起一句话：穷人因书而富，富人因书而贵！是的，合上书，我想我赶紧要做的是，将王老师所介绍的那些书买来，然后认真地品读。

谢谢王崧舟老师，也谢谢将这样一本好书介绍给我的人！

# 教育需要"翻转",需要"柔软"
## ——台湾教育掠影

福建长汀师范附小　赖荣明

初冬的宝岛台湾虽然荡漾着凉意,却显得明媚、灿烂与纯净。作为福建省小学名师培养对象中的一员,我怀着对台湾教育猎奇、探究的心理,和导师、同学一起走进了新北秀山小学及台北大安区幸安小学开展教学观摩与研讨活动。

"进步卓越、幸福平安"是幸安小学的办学理念。"进步"即培养"积极乐观、自爱爱人、全人发展"的二十一世纪优质学生;"卓越"即显现"专业成长、创新教学、国际合作、爱心用心"的优质教师;"幸福"即期盼"参与信任、鼓励尊重、全力支持"的家长;"平安"即营造一个"学生开心、教师用心、家长放心"的学习型与社区化的优质人生。幸安小学非常重视学生资讯力、合作力、品格力的培养,学校教育与科技、智慧接轨,与国际化接轨。智慧教室、云课程展示让我们亲身体验了现代教育的奇妙。创新、多元的校园文化,丰富多彩的校园生活为孩子的成长插上了飞翔的翅膀。业务精湛、真诚热情的几位处室主任对学校管理模式的介绍,更使我对幸安小学怀敬意。有这样优秀的管理团队,学校怎能不走向卓越?

在新北秀山小学深深触动我心灵的是"翻转""柔软"这两个关键词。秀山小学的林文生校长报告的精髓就是"翻转教育""教育的柔软度"。林校长的报告就像和我们聊家常,民主、自由,随时让大家发表意见。没有高高的讲坛,没有长篇的论述,没有激昂的演说,带给我们的是"海峡一家亲",学习共同体的互动交流、对话。正如佐藤学所说:"真正的教育是所有的人一起学习。"而"真正的学习"则是个人与自己、他人及世界的相遇与对话后建构意义,因此,学习是要靠与他人的对话才能产生。教育的翻转首先是理念上的翻转。作为校长,要懂得放下,当一个快乐的中国人。校长要善于寻找启发孩子学习动力的密码，用一生的生命去追求、去发现。当一个校长不把学生的比赛成绩当作自己的业绩时，就会把目标放在培养学生的兴趣、爱好上。教学的翻转应该是教学形式上的翻转。当教学从独白走向对话，当老师走下讲台，蹲下身子和学生互动，成为教学的鉴赏者，课堂就让学生产生家一样的感觉，课堂就像好朋友一样与学生聊天。教学的翻转还应该是学习方式上的翻转。学生是课堂的主人，当学生解除了课堂的禁锢，主动开展小组合作探究学习，进行深度思考，深度对话，自由发表自己的见解，课堂就会充满了生命的张力。在秀山小学，福建小学名师和秀山小学的老师进行了教学观摩研讨活动。台湾和大陆的课堂，分别展示了不同的教学风格，不同的教学模式。我们的课是传统的典范教学，是精彩的演绎。而台湾的课堂开放、民主、归纳，以学为中心，以学为主线，课堂上看得见学生的学习全过程，看得见学生美丽的差错。从台湾的课堂反思我们的课堂教学，我们牵得紧，放不开，喜欢对教学进行充分预设，喜欢追求教学的完美。老师喜欢滔滔不绝地讲授，喜欢一步一步呈现教学过程。课堂上舍不得放手，总害怕学生出错。翻转教育，进行学习的革命必须从改变我们自身开始。只要把课堂当作学习场，合作对话，敞开心扉，彼此接纳，课堂便会像家一样温馨。

　　台湾之行，令我感动的是台湾柔软的校园文化。柔软的土地才能使幼苗茁壮。我们大陆提倡回答问题声音洪亮，有"阳刚之气"。但过分的刚烈、坚硬的碰撞容易造成性格的偏激。特别是现在有些学校因班上学生人数过多，为了使学生听清楚，许多老师上课带着"小蜜蜂"扩音器，造成声音的"高八度"，缺乏亲切感和亲和力。而台湾校园的教室里、过道上听不到高声喧哗，宁静的校园滋养的是学生的文明、有礼。课堂上老师家常式的聊天，富有亲和力，学生静静思考，无拘无束讨论，显得温馨、和谐。秀山小学 4.1 公顷的校园不设围墙，却没人攀越矮矮的冬青树丛。台湾的学生家长对老师的要求虽然很高，但不会为难老师、学校。社区里自愿申请的志工队，热心为学生服务。课堂上老师对学生的态度是柔软的，轻声细语，循循善诱，柔软的话语似涓涓溪流温暖着学生的心灵。教室里流淌的是温柔的实践智慧，闪烁的是学生思维的智慧火花。

　　柔软是一种风度，真诚、体谅、理解、包容别人，善于接受别人的意见；柔软是一种胸怀，倾听、接纳、鉴赏、尊重，不放弃任何一个孩子，带给每一个孩子成功的喜悦。柔软是教学中的相互沟通，带来的是课堂的温馨、和谐。柔软是一种热情，热心为学校服务，热心为教师，为孩子服务。柔软的校园文化必将带给孩子家的感觉。

　　柔软更是一种文化，一种精细，一种温馨。我喜欢柔软这词。以柔克刚，柔情似水。我希望翻转的教育改变的是坚硬，带来的是课堂的柔软，校园的柔软。柔软的教育培养的是孩子意志的坚韧、性格的完善。在市场经济的时代，面对孩子的性格缺失问题，教育需要翻转，教育需要柔软！

## 后记

## 守候中的幸福

编完这本册子，已是鲜花烂漫之时。那满目的灿烂，是守望的幸福和欣喜。过去的日子，我们在忙碌中守候，在守候中聆听花开的声音，在守候中享受成长的快乐。

作为教师，手握一支粉笔，在点横撇捺之间凝神静观人生方圆；范读一句诗文，于抑扬顿挫之中咀嚼百味生活；赏析一段哲理，就点亮心灵之光洞察人间曲直；感悟一篇文章，借起承转合之法感悟跌宕人生……在课堂上，我们守候学生的成长，我们等待自己的成长。

作为教师，唯有以传递思想而精心创设的课堂，方显师者追求的精神家园。作为教师，唯有走上从事研究这条幸福的道路上来，才能真正尝到当教师的乐趣，并成为出色的教师。

作为领衔名师，能带出一支优秀的教师团队，是我的满足；能守候成员的成长是我的快乐和幸福。沐浴着新时代的春风，我们为能成为实现中华民族伟大复兴"梦之队"的"筑梦人"而自豪！

幸福是一种心态，你拥有阳光，幸福就会光顾你。你选择了名师之路，就必为之而努力奋斗！

生命与使命同行，幸福与责任同在。

责任是我们一生的担当。当一个人能够对自己负责时，就具备了独立的人格与行动能力；当一个人能够对他人负责，为国家负责时，就具备了价值，也具有了责任感和使命感，因为责任会让你更加成熟。

我们无悔于自己的选择，并将承担起新时代赋予我们的责任！

赖荣明